Vom Glück, aufs Meer zu schauen

Vom Glück, aufs Meer zu schauen

Die schönsten Geschichten
und Gedichte

Ausgewählt
von Jan Strümpel

Anaconda

MIX
Papier | Fördert gute Waldnutzung
FSC® C014496
FSC
www.fsc.org

Penguin Random House Verlagsgruppe FSC® N001967

produktsicherheit@penguinrandomhouse.de
(Vorstehende Angaben sind zugleich
Pflichtinformationen nach GPSR)

Umschlagmotiv: lana_samcorp / Adobe Stock
Umschlaggestaltung: www.katjaholst.de
Satz und Layout: Achim Münster, Overath
Druck und Bindung: GGP Media GmbH
Printed in Germany
ISBN 978-3-7306-1466-2
www.anacondaverlag.de

Vorwort

Vor nicht allzu langer Zeit war ich im Urlaub am Meer. An einer Stelle, die ich seit der Kindheit nicht mehr besucht hatte, konkret gesagt: am Wattenmeer der Nordsee. Von einem Deich aus schaute ich zum ersten Mal so richtig bewusst auf diese gewaltige Naturfläche. Nach einer Weile dachte ich: Da sind ja allerhand Schiffe unterwegs. Und sie fahren in seltsam gleichförmigem Abstand dahin. Woraufhin ich näher hinschaute und begriff: Das sind keine Schiffe, und da fährt auch nichts, das sind die Warften auf den Halligen. Ich war fasziniert.

Wie mir ist es Jahrzehnte oder Jahrhunderte zuvor vielen Menschen ergangen, die zum ersten Mal an einem Meeresufer standen oder vom Schiff aus auf das große Wasser hinabblickten. Mit »klopfendem Herzen« segelt vor gut zweihundert Jahren Joseph von Eichendorff von Travemünde aus in die Lübecker Bucht hinein und empfindet dort einen »nie gefühlten Schauer«. Die französische Schriftstellerin George Sand verbringt mit ihrem Geliebten Frédéric Chopin einen Winter auf Mallorca und täuscht sich einmal so in ihrem gewohnten Gefühl für Entfernungen, dass sie beinahe einen Steilhang hinabstürzt. Und Heinrich Heine wird auf Norderney »zumute, als sei das Meer eigentlich meine Seele selbst«.

Das muss eine Qualität des Meeres sein, dass es in jeder Form verlocken und entzücken kann, auch ohne Palmen, pittoreske Bergdörfer oder eine gewaltige Brandung. Wenn es denn nur zur

Seele spricht. Das tut es bei den Schriftstellerinnen und Schriftstellern, die in dieser Auswahl über das Meer schreiben. Hier geht es nicht um Entdeckungsfahrten oder Abenteuergeschichten mit Seeräubern. Hier geht es um den weiten Horizont mit gelegentlichem Leuchtturm, um das Staunen angesichts der wildschönen Natur und die tiefinnere Freude, die ein solcher Anblick freisetzt.

Dieses Buch führt an die deutsche Nord- und Ostsee, nach Skandinavien und Schottland, ans Mittelmeer, über den Atlantik bis an die Strände von Rio de Janeiro und in die Südsee. Vom Ufer oder der Reling aus wird das Meer bewundert und genossen, es sei denn, starker Seegang macht dies unmöglich. Möwen schweben rudernd, Muscheln laden zum Träumen ein, Quallen zum Drauftreten. Am Meer stürmt es und herrscht Flaute. Und vor allem herrscht dort eine unvergleichliche Stimmung, die mit genauer Beobachtungsgabe in tiefsinnige, anrührende oder lustige Schilderungen und Gedichte gebracht wurde. Die Prosa umfasst kleine Lesestücke, Briefe und Auszüge aus längeren Erzählwerken. Die Überschriften stammen überwiegend nicht von den Autoren selbst, sondern wurden aus dem jeweiligen Text entnommen.

Es soll Menschen geben, die der offenen See nichts abgewinnen können. Doch wer es liebt, weiß ganz genau, warum es ein Glück ist, aufs Meer zu schauen.

Hedwig Lachmann

Am Strand

Das helle Ufer schimmert feucht
Vom Schaum der Welle, die entwich.
In silbern flirrendem Geleucht
Verliert sich fern sein letzter Strich.

Die Segelboote fliegen aus –
Von Mitternacht, von Norden her
Kommt eine Woge hoch und kraus:
Geliebtes Meer, geliebtes Meer!

Barthold Heinrich Brockes

Das Wasser

Wenn wir von erhab'nen Höhen
In die weite Wasserwelt
Mit geschärftem Blicke sehen,
Der, weil es stets vorwärts fällt
Und kein Ziel noch Grenzen findet,
Ohne Wiederkehr verschwindet,
Zeigt sich recht, wie tief, wie groß
Dieses Wasserkörpers Schoß.

Wo der Augen Kräfte schwinden,
Fängt die Kraft des Denkens an:
Dennoch kann auch die nicht finden
Dieser ungemessnen Bahn
Ausgespannte ferne Schranken.
Die ermüdeten Gedanken
Müssen selbst verwirrt gestehn,
Dass auch sie kein Ende sehn.

Fürchterlich, ja gleichsam grässlich,
Unerfüllbar, bodenlos,
Unerforschlich, unermesslich
Ist des Meeres dunkler Schoß,
Dessen aufgesperrter Rachen,
Drin die Fluten rauschen, krachen,
Schäumen, brüllen, wie die Welt
Fremde Wunder in sich hält.

Theodor Storm

Meeresstrand

Ans Haf nun fliegt die Möwe,
Und Dämmrung bricht herein;
Über die feuchten Watten
Spiegelt der Abendschein.

Graues Geflügel huschet
Neben dem Wasser her;
Wie Träume liegen die Inseln
Im Nebel auf dem Meer.

Ich höre des gärenden Schlammes
Geheimnisvollen Ton,
Einsames Vogelrufen –
So war es immer schon.

Noch einmal schauert leise
Und schweiget dann der Wind;
Vernehmlich werden die Stimmen,
Die über der Tiefe sind.

Anmerkung: Mit Haf meint Storm kein Haff, sondern das Wattenmeer.

Nikolaus Lenau

Meeresstille

Sturm mit seinen Donnerschlägen
Kann mir nicht wie du
So das tiefste Herz bewegen,
Tiefe Meeresruh!

Du allein nur konntest lehren
Uns den schönen Wahn
Seliger Musik der Sphären,
Stiller Ozean!

Nächtlich Meer, nun ist dein Schweigen
So tief ungestört,
Dass die Seele wohl ihr eigen
Träumen klingen hört;

Dass im Schutz geschlossnen Mundes
Doch mein Herz erschrickt,
Das Geheimnis heilgen Bundes
Fester an sich drückt.

Friedrich Hebbel

Der junge Schiffer

Dort bläht ein Schiff die Segel,
Frisch saust dahin der Wind!
Der Anker wird gelichtet,
Das Steuer flugs gerichtet,
Nun fliegt's hinaus geschwind.

Ein kühner Wasservogel
Kreist grüßend um den Mast,
Die Sonne brennt herunter,
Manch Fischlein, blank und munter,
Umgaukelt keck den Gast.

Wär' gern hineingesprungen,
Da draußen ist mein Reich!
Ich bin ja jung von Jahren,
Da ist's mir nur ums Fahren,
Wohin? Das gilt mir gleich!

Clara Müller-Jahnke

Meerfahrt

Fühlst du die Bretter schwanken?
schon brandet dumpf das Meer –
am Horizonte lagern
die Wolken schwül und schwer …

Ha, Wogen und Blitz und Stürme!
mir wird so froh zumut:
ich fahre mit dir zusammen
durch die wildeste Flut!

Warum erweckt in uns das Meer, ja nur sein Anblick in der Ferne oder nur das Rauschen seiner Welle, die sich in rhythmischen Zügen am Strande bricht, eine so tiefe Sehnsucht, wie sie auch die erhabenste Alpennatur nicht erregen kann? Vielleicht, weil da dieses unser kleines Ich, die persönliche Notwendigkeit, das in einem Punkt zusammengepresste Bewusstsein der Natur, unmittelbar mit dem Unendlichen und Ewigen sich berührt, was nicht Geschichte und Zeit, nicht Grenze und Gestalt hat.

Ferdinand Gregorovius, *Das Kap der Circe*

Am Meere. – Ich würde mir kein Haus bauen (und es gehört selbst zu meinem Glücke, kein Hausbesitzer zu sein!). Müsste ich aber, so würde ich, gleich manchem Römer, es bis ins Meer hineinbauen – ich möchte schon mit diesem schönen Ungeheuer einige Heimlichkeiten gemeinsam haben.

Friedrich Nietzsche, *Die fröhliche Wissenschaft*

Johanna Schopenhauer

Die See raart

Was dem Schweizer seine Alpen mit ihrem würzigen Kräuterduft, das ist uns am Ufer des Meeres Gebornen sein frischer Hauch, der Anblick der ewig bewegten, unabsehbaren Fläche, das nie verhallende Gebrause seiner Wogen; entfernt vom Meer werden wir die Sehnsucht danach niemals los. Kein Strom der Welt, nicht der Rhein mit seinen paradiesisch schönen Ufern, nicht die Donau, sogar nicht die Elbe und die Themse mit ihren großen, prächtig einhersegelnden Seeschiffen und dem zum Himmel aufstarrenden Walde von Masten in ihren Häfen vermag uns Ersatz dafür zu bieten.

Dass es Leute geben könne, welche die See nie gesehen, kam als Kind mir ganz fabelhaft vor. Späterhin fühlte ich wahres Mitleid mit den Berlinern und andern Fremden, die zur großen, vier Wochen währenden Dominiksmesse nach Danzig gekommen, meine Eltern besuchten. Spätabends stand ich, wenn im Hause alles stille war, am Fenster auf dem Gange und lauschte mit einem ganz unaussprechlichen Gefühl auf die feierliche eintönige Melodie des bei gänzlicher Windstille aus den tiefsten Tiefen der spiegelglatten See zuweilen aufsteigenden Gebrauses, dieses Aufatmen der nächtlich ruhenden Natur.

Morgen gibt es schön Wetter, die See raart, sprach dann wohl Adam oder wer sonst von unsern Leuten an mir vorüberging. Mir grauste ein wenig bei dem wunderlichen Wort, aber doch blieb ich an meinem Fenster.

Georg Christoph Lichtenberg

Fahrt nach Helgoland

Stade, den 19. Juli 1773

Vorgestern um 3 Uhr bin ich glücklich, aber sehr ermüdet, von der Sonne halb geröstet, mit einem über und über ausgefahrenen Munde, überteerten Kleide und einem Geruche wie eine getrocknete Scholle zu Brunshausen, nach einer Süß- und Salzwasserreise von 8 Tagen angelangt. Ich würde ein ziemliches Bändchen anfüllen können, wenn ich Ew. Wohlgeboren alles Vergnügen, Herzeleid, Prospekte und Histörchen erzählen und beschreiben wollte, die uns auf dieser Reise vorgekommen sind. Ich will also heute nur hier und da etwas herausnehmen, mit dem feierlichen Versprechen, künftig alles, wo nicht schriftlich, doch gewiss mündlich nachzuholen.

Die Gesellschaft, die noch am Tage der Abreise durch die Weissagungen und Zeichendeuterei furchtsamer Personen vermindert worden war, bestund endlich aus folgenden Personen: dem Herrn Hauptmann von Hinüber, der die Direktion über alles übernommen hatte und dem allein wir die große Bequemlichkeit, Ordnung und Reinlichkeit auf unserm Schiffe zu danken hatten; dem Herrn Hauptmann von Holle von den Grenadieren, dem Herrn Lieutenant Zandré di Caraffa, einem sehr artigen und dabei höchst lustigen Manne, der eine große Rolle bei dieser Reise spielte; dem Herrn Lieutenant von Rönne, der den stärksten Körper unter uns führte und zuerst seekrank wurde; dem Herrn Lieutenant von Zelle; dem Herrn Fähndrich von Cronhelm; dem Herrn Fähndrich Isenbart (dem Bruder des Majors); dem Herrn Auditor von Wersebe und – – mir. Außer uns waren der Schiffer mit zwei Matrosen, drei Bediente, worunter auch Heinrich sich befand, und eine Köchin, also in allem 16 Personen. Wir waren mit Proviant von allerlei Art, unter anderen auch mit einem großen Bauer voll Hühnern, mit Flinten, Musketons, Schwärmern, Granaten und 7 kleinen Kanonen versehen. Zum Ballast hatten wir 20 große Tonnen mit Wasser eingenommen und außer diesen noch 2, worin Wasser zum Trinken befindlich war. Die Kajüte ward durch zwei Reihen Tonnen in 3 Teile geteilt, in der Mitte speiseten wir, auf der Rechten befanden sich unsere Betten und auf der Linken die Betten der Bedienten. Kaffee und Tee wurden beim schönen Wetter auf dem Verdeck in allerlei Lagen, Stellungen und Richtungen der Gesichter getrunken. Von Anfang war uns der Wind entgegen, sodass wir bis in die See lavieren mussten; hier war er es auch, allein da er bisher uns nur zu necken geschienen, so schritt er nun zu wahren Tätlichkeiten; er blies so heftig gerade von Helgoland her, dass unser Lotse, den wir vorher weislich in Cuxhaven eingenommen hatten, zu unserm Schiffer sagte: *Hört, Schipper, wir kommen hier nicht weg, und ich fürchte, dass wir die Nacht eine stiefe Köhle bekommen.* Wir befanden uns in der Tat auch an einer Stelle, wo sehr viele Schiffe verunglücken, wir wendeten also gerade um und segelten vor dem Winde nach dem Neuen Werk, wo wir die Anker fallen ließen und zwei Nächte und einen Tag zubrachten. Der Aufenthalt auf dieser Reede ist vorzüglich merkwürdig, denn bei der Ebbe gingen wir auf halbe Meilen um unser Schiff spazieren, schossen Lerchen, Bekassinen, fingen Krebse mit den Händen, lasen Muscheln für die Küche und die Kabinette, und bei der Flut fuhren wir in unserer Schaluppe spazieren. Am Ende der zweiten Nacht stellte sich ein angenehmer Südwind mit der Ebbe ein, der uns in kurzer Zeit wieder ersetzte, was wir vorher verloren hatten. In der See überfiel uns eine Stille bei einem so angenehmen Himmel, dass wir, die wir bei unserer Reise nichts mit Prozenten zu tun hatten, einmütig diesen Tag für den angenehmsten auf unserer ganzen Reise halten. Die See war durchaus perlenfarbig, glatt wie ein Spiegel, und gegen Westen unter der Sonne schien sie zu brennen; die Tümmler und Seehunde begleiteten unser Schiff und wurden für diese Ehre zuweilen mit einer Kugel begrüßt; wir bekamen allerlei besondere Gestalten von Tieren zu sehen, und überall stunden die kleinen Krebse (Granaten) in Haufen, wie die Mücken in der Luft, und sonnten sich.

Es mochte etwa 6 Uhr sein des Abends, als uns Helgoland zu Gesicht kam, und ehe es in der Dämmerung verschwand, sah es gegen den roten Himmel dunkelblau aus. Sowie es dunkel wurde, besuchte uns unser Südwind wieder, und wir wurden ziemlich schnell nach der Insel getrieben, vor welcher wir des Nachts zwischen 11 und 12 die Anker fallen ließen. Eine halbe Meile etwa von der Insel liegt eine Tonne, die Vorbeifahrenden wegen eines Felsens zu warnen, der gerade bei ihr liegt. Ew. Wohlgeboren werden es ohne mein Erinnern glauben, dass wir alle unsere Aufmerksamkeit verwandten, sie im Dunkeln zu entdecken, zumal da uns unser Lotse noch am Tage erzählt hatte, dass vor nicht gar langer Zeit ein Schiff dabei zu Grunde gegangen wäre. Passagiere und Matrosen legten sich über das Vorderteil des Schiffes hinunter und sahen danach. Ich *stund* hinter ihnen und sah ihnen über die Köpfe weg und hatte das Glück, sie zuerst zu sehen, und rief laut: *hier ist die Tonne!* Der Steuermann, der sie gleich darauf auch sah, machte eine geringe Wendung, und wir strichen vorbei, dass es eine Lust war anzusehen. Was mir diese Nacht vorzüglich merkwürdig machte, war das Leuchten des Seewassers, das ich noch nie gesehen hatte. Es waren nicht etwa einzelne Funken oder schnell vorübergehende schwache Blitze, sondern der Schaum der Wellen schien völlig zu glühen, welches, da dieser Wellen unzählig viele waren, ein Feuerwerk vorstellte. …

Kaum war der Tag angebrochen, so kroch ich auf das Verdeck, um nun die wahre Gestalt der Insel zu sehen, von welcher ich mir nach dem wenigen, was ich den Tag zuvor davon gesehen hatte, allerlei Bilder formiert hatte. Die wahre Gestalt derselben übertraf aber alle Vorstellung sehr weit. Die ganze Insel besteht aus einem roten sehr verhärteten Mergel, der mit weißen Adern durchlaufen ist. Sie ragt nach Aussage der Leute 30 bis 40 Klafter über die Oberfläche des Wassers hervor. Die oben auf der Insel befindliche Erde ist nicht viel über 4 Fuß dick. Die Menge der Menschen ist für den kleinen Ort sehr groß, alles wimmelt von Kindern, deren wir viel ganz nackend gehen sahen; sie schwimmen mit einer solchen Fertigkeit, als ich noch nie vorher gesehen hatte. Für 3 Groschen, die ich einem Jungen von 10 Jahren schenkte, schwamm er eine ziemliche Strecke in die See hinein und kehrte sich im Wasser um, sodass die beiden Füße nur allein zu sehen waren; plötzlich überpurzelte er sich wieder, wie ein Tümmler, und kam mit dem Kopfe hervor.

Eine besondere Müdigkeit, die ich bei dieser Witterung verspüre, erlaubt mir nicht, weitläuftiger zu sein. Ew. Wohlgeboren werden die Verwirrung entschuldigen, womit ich hier vielleicht unbeträchtliche Sachen erzählt habe. Ich setze nur noch dieses hinzu, dass wir auf der Rückreise einen günstigen, aber heftigen Wind hatten, sodass wir in 4½ Stunden 10 deutsche Meilen zurücklegten. Nicht der Schaum, sondern die klaren Wellen schlugen zuweilen in das Schiff, und keiner von den Passagieren als ich und Herr Zandré waren auf dem Verdeck. Seekrank sind gewesen: Herr Lieutenant Rönne, Herr Isenbart, Herr von Wersebe, alle Bedienten und die Köchin.

Joseph von Eichendorff

Ein nie gefühlter Schauer. Die Lübecker Bucht 1805

Gegen 10 Uhr des Morgens traten wir auf einer Lehnkutsche die Spazierfahrt nach Travemünde an, die Krone und der höchste Gipfel unserer Reise. Ein anmutiger Weg zwischen Alleen und Gärten führte uns bis an die Trave, wo wir auf einer Fähre, die an Tauen fortgezogen wird, übergesetzt wurden. Von hier aus bemerkten wir schon an allen Umgebungen, dass wir uns in der Nähe des Meeres befanden. Die Gegend senkt sich immer mehr abwärts, wird immer wilder und seltsamer. Kleine Wäldchen von niedrigem Nadelholze strecken sich an langen Sümpfen und Seen hin, und Schiffe von bedeutender Größe segeln auf der Trave, die sich bei Travemünde ins Meer stürzt, auf und ab. Mit der gespanntesten Erwartung sahen wir dem Augenblicke entgegen, wo wir das Meer zu Gesicht bekommen würden. Endlich, als wir den Gipfel der letzten Anhöhe von Travemünde erreicht hatten, lag plötzlich das ungeheure Ganze vor unseren Augen und überraschte uns so fürchterlich-schön, dass wir alle in unserem Innersten erschraken. Unermesslich erstreckten sich die grausigen Fluten in unabsehbare Fernen. In schwindliger Weite verfloss die Riesen-Wasserfläche mit den Wolken, und Himmel und Wasser schienen *ein* unendliches Ganzes zu bilden. Im Hintergrunde ruhten ungeheure Schiffe, wie an den Wolken aufgehangen. Trunken von dem himmlischen Anblicke, erreichten wir endlich Travemünde, ein fast wie Karlsbad an der Küste erbautes niedliches Städtchen, welches wegen des dasigen Seebades von Fremden sehr häufig besucht wird. Gleich nach unserer Ankunft bestiegen wir im Hafen ein Boot und ließen uns bis auf die sogenannte Lübecker Reede, d. h. anderthalb Meilen in die offene See hinaus schiffen. Mit klopfenden Herzen verließen wir die enge Beschränkung des Hafens und segelten in das Unermessliche hinein. Vergebens suchte unser ungewohntes Auge im Hintergrunde ein Ende, eine Grenze; einzelne Schiffe nur, die von hier wie Nussschalen erschienen, schwebten in tiefer Ferne. Ein nie gefühlter Schauer überfiel uns bei diesem Anblicke, und wir sahen uns oft genötigt, unsere Augen von dem herrlichen Schauspiele abzuwenden. Wie zwei Arme strecken sich zu beiden Seiten felsige waldige Landzungen ins Meer hinein. Das Wasser hat durchaus eine schöne dunkelgrüne Farbe und ist dem ungeachtet so rein, dass wir bis auf den Grund dieser fürchterlichen wilden Unterwelt, die wie ein düstres Forstgebirge mit Meergras bedeckt ist, hinabschauen konnten. … Nicht wenig erfreuten uns auch die großen Seepolypen, die auf der Oberfläche herumschwammen. Wir fischten einen auf und fanden, dass er aus einem schmierigen, gallertartigen Wesen bestand, das wie große Muskeln gebildet war. Auch hatten wir das Vergnügen, in unserem Boote einige sehr kleine Meersterne zu entdecken. Endlich scholl uns ein englischer Matrosengesang entgegen. Es lagen nämlich hier ein Schiff aus England, aus Schweden, aus Westindien und aus Russland vor Anker, da sie wegen ihrer Größe nicht in den Hafen hineinkonnten. Das größte, nämlich das russische, welches eben 48 Pferde für den Prinzen v. Württemberg aus St. Petersburg mitgebracht hatte, bestiegen wir auf einer Strickleiter und begaben uns darauf wieder auf den Rückweg. Hier bot sich uns ein neues schönes Schauspiel dar: Die ganze reizende Küste, das niedliche Travemünde, herrliche Gärten mit Lusthäusern, das schön erbaute Seebad, der Leuchtturm, alles lag im bunten Gemische vor unseren Blicken. ... Zu Mittag speisten wir sehr reichlich in Gesellschaft mehrerer Kaufleute und eines reisenden Franzosen. Nach Tische sahen wir einen russischen Seeoffizier (grün und ein langes Messer an der Seite) und betrachteten uns die oben erwähnten herrlichen Pferde des Prinzen v. Württemberg. Darauf unternahmen wir mit dem Franzosen wieder einen kleinen Spaziergang an das Ufer der See. Jetzt hatten wir auch Gelegenheit, den Leuchtturm näher zu besehen. Auf der Seeseite hat er ein ungeheuer großes Fenster, hinter welchem jede Nacht eine Menge Lampen angezündet werden, deren Schein durch einen hinten angebrachten metallenen Hohlspiegel auf das Meer zu geworfen wird. Vom Leuchtturme aus wandelten wir auf einer Mauer, welche in die See hineingebaut ist, am Meere hin und hatten das Vergnügen, einen Haufen russischer Matrosen, welche Wasser vom Lande holten, zu treffen und ein dreimastiges Seeschiff mit vollen Segeln bei uns vorüberfliegen zu sehen. Darauf betrachteten wir uns die sonderbare Einrichtung der Seebäder. Es sind dies nämlich eine Reihe von Karren, die längs dem Ufer des Meeres hin stehen. Jeder dieser Karren besteht aus einem kleinen niedlichen Stübchen mit Stühlen, Stiefelknecht und allen Bequemlichkeiten, das auf zwei Rädern steht und auf der Seeseite ganz offen ist. Hat sich nun der zu Badende in die kleine Wohnung einlogiert, so wird sie einige Schritt weit ins Meer hineingeschoben, und er kann sich nun auf einer vorn angebrachten Strickleiter ohne alle Gefahr so tief in die See herablassen, als er Lust hat. Während wir alles dieses in Augenschein nahmen, hatte sich ein kleiner Sturm erhoben, und wir genossen das herrliche Schauspiel, die ungeheure Wassermasse in wogender Bewegung zu sehen. Wir konnten uns nicht erhalten, uns einige Zeit dieser furchtbaren Wasserwiege zu überlassen, und stellten daher noch einmal die Spazierfahrt um die Lübecker Reede an, und obschon die Wogen nur klein waren, hatten sie doch Kraft genug, unser Boot auf und nieder zu heben, sodass uns anfangs auf dieser Schaukel nicht ganz wohl zumute war. Nach diesem nahmen wir endlich Abschied von dem schönen Travemünde und fuhren mit dem Franzosen nach Lübeck zurück. Travemünde allein mit seinen Herrlichkeiten war der ganzen Reise wert, und ewig wird der Anblick des Meeres meiner Seele vorschweben!

Heinrich Heine

Ich liebe das Meer wie meine Seele. Auf Norderney

Es geht ein starker Nordostwind, und die Hexen haben wieder viel Unheil im Sinne. Man hegt hier nämlich wunderliche Sagen von Hexen, die den Sturm zu beschwören wissen; wie es denn überhaupt auf allen nordischen Meeren viel Aberglauben gibt. Die Seeleute behaupten, manche Insel stehe unter der geheimen Herrschaft ganz besonderer Hexen, und dem bösen Willen derselben sei es zuzuschreiben, wenn den vorbeifahrenden Schiffen allerlei Widerwärtigkeiten begegnen. Als ich voriges Jahr einige Zeit auf der See lag, erzählte mir der Steuermann unseres Schiffes: die Hexen wären besonders mächtig auf der Insel Wight, und suchten jedes Schiff, das bei Tage dort vorbeifahren wolle, bis zur Nachtzeit aufzuhalten, um es alsdann an Klippen oder an die Insel selbst zu treiben. In solchen Fällen höre man diese Hexen so laut durch die Luft sausen und um das Schiff herumheulen, dass der Klabotermann ihnen nur mit vieler Mühe widerstehen könne. Als ich nun fragte: wer der Klabotermann sei? antwortete der Erzähler sehr ernsthaft: »Das ist der gute, unsichtbare Schutzpatron der Schiffe, der da verhütet, dass den treuen und ordentlichen Schiffern Unglück begegne, der da überall selbst nachsieht, und sowohl für die Ordnung, wie für die gute Fahrt sorgt.« Der wackere Steuermann versicherte mit etwas heimlicherer Stimme: ich könne ihn selber sehr gut im Schiffsraume hören, wo er die Waren gern noch besser nachstaue, daher das Knarren der Fässer und Kisten, wenn das Meer hochgehe, daher bisweilen das Dröhnen unserer Balken und Bretter; oft hämmere der Klabotermann auch außen am Schiffe, und das gelte dann dem Zimmermanne, der dadurch gemahnt werde, eine schadhafte Stelle ungesäumt auszubessern; am liebsten aber setze er sich auf das Bramsegel, zum Zeichen, dass guter Wind wehe oder sich nahe. Auf meine Frage: ob man ihn nicht sehen könne? erhielt ich zur Antwort: Nein, man sähe ihn nicht, auch wünsche keiner ihn zu sehen, da er sich nur dann zeige, wenn keine Rettung mehr vorhanden sei. Einen solchen Fall hatte zwar der gute Steuermann noch nicht selbst erlebt, aber von andern wollte er wissen: den Klabotermann höre man alsdann vom Bramsegel herab mit den Geistern sprechen, die ihm untertan sind; doch wenn der Sturm zu stark und das Scheitern unvermeidlich würde, setze er sich auf das Steuer, zeige sich da zum ersten Mal und verschwinde, indem er das Steuer zerbräche – diejenigen aber, die ihn in diesem furchtbaren Augenblick sähen, fänden unmittelbar darauf den Tod in den Wellen.

Der Schiffskapitän, der dieser Erzählung mit zugehört hatte, lächelte so fein, wie ich seinem rauen, wind- und wetterdienenden Gesichte nicht zugetraut hätte, und nachher versicherte er mir: vor fünfzig und gar vor hundert Jahren sei auf dem Meere der Glaube an den Klabotermann so stark gewesen, dass man bei Tische immer auch ein Gedeck für denselben aufgelegt, und von jeder Speise, etwa das Beste, auf seinen Teller gelegt habe, ja, auf einigen Schiffen geschähe das noch jetzt. –

Ich gehe hier oft am Strande spazieren und gedenke solcher

seemännischen Wundersagen. Die anziehendste derselben ist wohl die Geschichte vom Fliegenden Holländer, den man im Sturm mit aufgespannten Segeln vorbeifahren sieht, und der zuweilen ein Boot aussetzt, um den begegnenden Schiffern allerlei Briefe mitzugeben, die man nachher nicht zu besorgen weiß, da sie an längst verstorbene Personen adressiert sind. Manchmal gedenke ich auch des alten, lieben Märchens von dem Fischerknaben, der am Strande den nächtlichen Reigen der Meernixen belauscht hatte, und nachher mit seiner Geige die ganze Welt durchzog, und alle Menschen zauberhaft entzückte, wenn er ihnen die Melodie des Nixenwalzers vorspielte. Diese Sage erzählte mir einst ein lieber Freund, als wir, im Konzerte zu Berlin, solch einen wundermächtigen Knaben, den Felix Mendelssohn-Bartholdy, spielen hörten.

Einen eigentümlichen Reiz gewährt das Kreuzen um die Insel. Das Wetter muss aber schön sein, die Wolken müssen sich ungewöhnlich gestalten, und man muss rücklings auf dem Verdecke liegen und in den Himmel sehen, und allenfalls auch ein Stückchen Himmel im Herzen haben. Die Wellen murmeln alsdann allerlei wunderliches Zeug, allerlei Worte, woran liebe Erinnerungen flattern, allerlei Namen, die, wie süße Ahnung, in der Seele widerklingen – »Evelina!« Dann kommen auch Schiffe vorbeigefahren, und man grüßt, als ob man sich alle Tage wiedersehen könnte. Nur des Nachts hat das Begegnen fremder Schiffe auf dem Meere etwas Unheimliches; man will sich dann einbilden, die besten Freunde, die wir seit Jahren nicht gesehen, führen schweigend vorbei, und man verlöre sie auf immer.

Ich liebe das Meer, wie meine Seele.

Oft wird mir sogar zumute, als sei das Meer eigentlich meine Seele selbst; und wie es im Meere verborgene Wasserpflanzen gibt, die nur im Augenblick des Aufblühens an dessen Oberfläche heraufschwimmen, und im Augenblick des Verblühens wieder hinabtauchen: so kommen zuweilen auch wunderbare Blumenbilder heraufgeschwommen aus der Tiefe meiner Seele, und duften und leuchten und verschwinden wieder –

Conrad Ferdinand Meyer

Zwei Segel

Zwei Segel erhellend
Die tiefblaue Bucht!
Zwei Segel sich schwellend
Zu ruhiger Flucht!

Wie eins in den Winden
Sich wölbt und bewegt,
Wird auch das Empfinden
Des andern erregt.

Begehrt eins zu hasten,
Das andre geht schnell,
Verlangt eins zu rasten,
Ruht auch sein Gesell.

Joseph von Eichendorff

Meeresstille

Ich seh' von des Schiffes Rande
Tief in die Flut hinein:
Gebirge und grüne Lande
Und Trümmer im falben Schein
Und zackige Türme im Grunde,
Wie ich's oft im Traum mir gedacht,
Wie dämmert alles da unten
Als wie eine prächtige Nacht.

Seekönig auf seiner Warte
Sitzt in der Dämm'rung tief,
Als ob er mit langem Barte
Über seiner Harfe schlief';
Da kommen und gehen die Schiffe
Darüber, er merkt es kaum,
Von seinem Korallenriffe
Grüßt er sie wie im Traum.

Zwei Sagen aus Schleswig-Holstein

Des Meermanns Frau in Kindsnöten

Ein Segelschiff wurde einst auf der Reise nach England vom Sturm überfallen und geriet in große Gefahr. Zu allem Überfluss versagte auch noch das Steuerruder, und als die Schiffsleute über Bord sahen, um zu erkunden, wie das käme, gewahrten sie einen Wassermann. Er steckte seinen Kopf dicht am Ruder aus den Wogen und verlangte nach dem Schiffer. Der Kapitän, ein unerschrockener Mann, fragte ihn, wer er sei und was er wolle. »Ich bin der Meermann, mein Weib liegt in Kindesnöten; und da sie keine Hilfe hat, macht sie solchen Lärm in ihrer Wohnung. Deine Frau muss herunterkommen und ihr bei der Geburt helfen.« – »Meine Frau schläft und kann nicht kommen«, antwortete der Schiffer. »Sie muss kommen!«, rief der Meermann, »sonst macht meine Alte noch ärgeren Sturm und Seegang, und ihr geht mit Mann und Maus unter.« Die Frau des Kapitäns hatte alles gehört: »Ich komme gleich«, rief sie und stieg mit dem Meermann hinab in die Tiefe. Alsbald ward es stille und die See war ruhig. Der Schiffer hatte große Sorge um seine Frau, aber über eine kleine Welle hörte er unten in der See so lieblich das alte Wiegenlied »Heia, heia, hei« singen, und die Wellen gingen so eben und gleichmäßig, als wenn die ganze See wie eine Wiege geschaukelt würde. »Aha«, dachte er, »das Kind ist schon geboren und alles ist gut gegangen.« Es dauerte keine Stunde, da kam seine Frau wieder herauf aus der See und stieg glücklich wieder an Bord. Sie war kaum einmal nass geworden, hatte die ganze Schürze voll von Gold und Silber und wusste viel zu erzählen. Das Meerweib hatte ein Kleines bekommen, welches man auf Sylt Seekalb zu nennen pflegt, aber die Meerfrau meinte, es sei so schön wie ein Engel.

Die Überfahrt der Zwerge nach Amrum

Einst wurde der Fährmann auf Föhr, der mit seinem alten Boot die Überfahrt nach Amrum besorgte und in Utersum ein halbverfallenes Haus besaß, in einer stürmischen Nacht durch starkes Klopfen aus dem Schlaf geweckt. Als er in die Dunkelheit hinaustrat, konnte er nichts sehen, aber eine dünne Stimme fragte ihn, ob er einige Fahrgäste nach Amrum übersetzen wolle. »Bei diesem Wetter nicht!«, erwiderte der Fährmann, aber die Stimme rief wieder: »Fahrt nur zu, es soll Euer Schaden nicht sein, und mit uns sinkt das Boot nicht!« Nach langem Überlegen entschloss sich der Schiffer endlich, die Fahrt zu wagen, und ging zu dem Anlegeplatz, wo er sein Boot angebunden hatte. Schon ehe er dort ankam, hörte er ein gedämpftes Stimmengewirr und dazwischen lautes Poltern im Boot. Als er herangekommen war, fand er es so voll von kleinen Odderbaanki, dass er selbst kaum noch Platz finden konnte. Glücklich brachte er die erste Ladung nach Amrum, kehrte zurück, und dann setzte er noch viele Male mit den kleinen Gästen über. Sobald sie die Insel Amrum erreicht hatten, verließen immer alle ohne ein Wörtchen des Dankes schleunigst das Boot, auch die letzten, die er übersetzte, verschwanden so.

Missmutig über diesen Undank kehrte der Schiffer heim. Doch als er zur Tür hineingehen wollte, stieß sein Fuß gegen einen harten Gegenstand. Er bückte sich und fand, dass es ein Hut war, mit lauter Goldstücken gefüllt, die hatten die Zwerge als Lohn für die Überfahrt dort heimlich hineingelegt. Der Schiffer war nun reich genug für sein Lebtag und konnte ein sorgenfreies Leben führen.

Ludwig Bechstein

Die Rungholter auf Nordstrand

Husum gegenüber in der Nordsee liegt die Insel Nordstrand, darauf lag einst ein reicher Ort, Rungholt, dessen Bewohner bauten große feste Dämme, und darauf stehend sprachen sie zum Meere voll Übermutes: Trotz um, blanker Hans! – In ihrem Übermut haben sie einmal eine Sau im Wirtshaus betrunken gemacht, ihr eine Schlafmütze aufgesetzt und sie ins Bett gelegt, dann sind sie zum Pfarrer gelaufen und haben ihm gesagt, er müsse kommen und einem Todkranken das heilige Abendmahl reichen. Da er nun das Sakrament nicht also schändlich entweihen wollen, haben sie ihn bedräut und misshandelt und schmählichen Unfug fortgetrieben. Da erging in der Nacht an den Pfarrer ein Zeichen und eine Stimme: Gürte dein Gewand und ziehe deine Schuhe an und wandere. – Da wanderte der Pfarrer fort mit den Seinen, so eilend er konnte. Darauf erhob sich ein Wind, und es schwoll das Wasser und wuchs und wuchs an den Dämmen hinan, die dort Deiche heißen, und ging über die Dämme und stand über ihnen vier Ellen hoch, und den Flecken Rungholt auf Nordstrand und sieben andere Kirchspiele verschlang das Meer. Einst soll er wieder auferstehen. Bei heller See erblicken Schiffer zum öftern den Ort und das Land auf des Wassers Grunde, seine Häuser, seine Türme und Windmühlen, auch wollen manche die Glocken der versunkenen Kirchtürme haben erklingen hören.

Theodor Storm

Die Möwe und mein Herz

Hin gen Norden zieht die Möwe,
Hin gen Norden zieht mein Herz;
Fliegen beide aus mitsammen,
Fliegen beide heimatwärts.

Ruhig, Herz! du bist zur Stelle;
Flogst gar rasch die weite Bahn –
Und die Möwe schwebt noch rudernd
Überm weiten Ozean.

Anastasius Grün

Meerfahrt

Wie so rein des Himmels Bläue
Über meinem Haupte glänzt,
Fest und licht wie ew'ge Treue,
Wandellos und unbegrenzt!

Gleich dem ew'gen Frieden schimmert
Ruhig, klar und grün das Meer;
Wie die heil'ge Liebe flimmert
Hell die Sonne drüber her.

Frei und leicht auf freien Wogen
Zog das Schiff die eb'ne Bahn,
Stolz die weißen Segel flogen
Wie der Freiheit Siegesfahn'.

Sonne, Meer und Himmelsbläue,
Nichts ums Schiff sonst ringsumher!
Lieber Freiheit, Fried' und Treue!
Ei, was willst du denn noch mehr?

Ach, wenn nur der Wind vom Lande
Mir ein grünes Blatt allein,
Eine Blüte nur vom Strande
Wehte in das Schiff hinein!

Conrad Ferdinand Meyer

Der Gesang des Meeres

Wolken, meine Kinder, wandern gehen
Wollt ihr? Fahret wohl! Auf Wiedersehen!
Eure wandellustigen Gestalten
Kann ich nicht in Mutterbanden halten.

Ihr langweilet euch auf meinen Wogen,
Dort die Erde hat euch angezogen:
Küsten, Klippen und des Leuchtturms Feuer!
Ziehet, Kinder! Geht auf Abenteuer!

Segelt, kühne Schiffer, in den Lüften!
Sucht die Gipfel! Ruhet über Klüften!
Brauet Stürme! Blitzet! Liefert Schlachten!
Traget glühnden Kampfes Purpurtrachten!

Rauscht im Regen! Murmelt in den Quellen!
Füllt die Brunnen! Rieselt in die Wellen!
Braust in Strömen durch die Lande nieder –
Kommet, meine Kinder, kommet wieder!

Johann Wolfgang von Goethe

Das Meer ist doch ein grosser Anblick!

Den 8. Oktober 1786

Ich fuhr heute früh mit meinem Schutzgeiste aufs Lido, auf die Erdzunge, welche die Lagunen schließt und sie vom Meere absondert. Wir stiegen aus und gingen quer über die Zunge. Ich hörte ein starkes Geräusch, es war das Meer, und ich sah es bald, es ging hoch gegen das Ufer, indem es sich zurückzog, es war um Mittag, Zeit der Ebbe. So habe ich denn auch das Meer mit Augen gesehen und bin auf der schönen Tenne, die es weichend zurücklässt, ihm nachgegangen. Da hätte ich mir die Kinder gewünscht, um der Muscheln willen; ich habe, selbst kindisch, ihrer genug aufgelesen, doch widme ich sie zu einigem Gebrauch, ich möchte von der Feuchtigkeit des Tintenfisches, die hier so häufig wegfließt, etwas eintrocknen. … Das Meer ist doch ein großer Anblick! Ich will sehen, in einem Fischerkahn eine Fahrt zu tun; die Gondeln wagen sich nicht hinaus. …

Ich wende mich mit meiner Erzählung nochmals ans Meer, dort habe ich heute die Wirtschaft der Seeschnecken, Patellen und Taschenkrebse gesehen und mich herzlich darüber gefreut. Was ist doch ein Lebendiges für ein köstliches, herrliches Ding! Wie abgemessen zu seinem Zustande, wie wahr, wie seiend! Wie viel nützt mir nicht mein bisschen Studium der Natur, und wie freue ich mich, es fortzusetzen!

Felix Mendelssohn Bartholdy

Die blaue Grotte kennt nicht jeder

Neapel, den 28. Mai 1831

Liebe Schwestern!

Capri hat schon was Morgenländisches an sich, mit der glühenden Hitze, die von den weißen Felswänden abprallt, mit den Palmen und den runden Kuppeln der Kirchen, die wie Moscheen aussehen. Der Scirocco war brennend und machte mich zum rechten Genießen untauglich; denn in dieser Sonnenhitze 537 Stufen hinauf- und dann wieder hinunterzusteigen, nach Anacapri hin, ist eine Pferdearbeit. Aber wahr ist es, dass das Meer sich ganz wunderbar schön ausnimmt von dem kahlen Felsen herunter und zwischen den tollen Zacken hindurch. Vor allem muss ich aber von der blauen Grotte erzählen, denn *die* kennt nicht ein jeder, weil man nur bei stillem Wetter oder schwimmend hineinkann. Wo die Felsen ganz senkrecht ins Meer hineinstehen und vielleicht auch unter dem Wasser noch ebenso hoch sind wie darüber, da hat sich eine gewaltige Höhle gebildet, aber so, dass im ganzen Umkreis der Höhle die Felsen mit ihrer Breite auf dem Meere ruhen oder vielmehr unmittelbar hineinhängen und erst von da aus aufsteigen bis zur Wölbung der Höhle; das Meer füllt also den ganzen Boden der Höhle aus, und diese hat ihre Öffnung unter dem Wasser; nur ein kleines Stück der Öffnung ragt über dem Wasser hervor, und durch dies kleine Stück fährt man nun mit einem schmalen Kahn, auf dessen Boden man sich ausstrecken muss, hinein. Ist man einmal drin, so liegt die ganze ungeheure Höhle mit ihrer Wölbung über einem, und man kann frei, wie unter einem Dome, darin umherrudern. Das Sonnenlicht fällt nun aber auch durch die Öffnung unter dem Wasser hinein, wird durch das grüne Meerwasser gebrochen und gedämpft, und daher kommen die zauberischen Erscheinungen. Die ganzen hohen Felsen sind himmelblau und grünlich im Dämmerlicht, etwa wie im Mondschein; doch sieht man alle Ecken und Vertiefungen deutlich; das Meer aber ist durch und durch vom Sonnenlicht beleuchtet und erhellt, sodass der schwarze Kahn auf einer hellen glänzenden Fläche schwebt; die Farbe ist das blendendste Blau, das ich je gesehen habe, ohne Schatten, ohne Dunkelheiten, wie eine Scheibe des hellsten Milchglases; und wie die Sonne durchscheint, so sieht man auch ganz deutlich alles, was unter dem Wasser vorgeht, und das ganze Meer mit seinen Geschöpfen tut sich auf. – Da sieht man an den Felsen die Korallen und Polypen sitzen; tief unten begegnen sich Fische aller Art und schwimmen aneinander vorüber, die Felsen werden gegen das Wasser zu immer dunkler, und am Ende, wo sie dicht darüber hängen, sind sie schwarz und man sieht weiter unter ihnen fort noch das helle Wasser, mit Krebsen, Fischen und Gewürmen darin. Dazu hallt es ganz wunderlich in der Grotte von jedem Ruderschlage wider, und wie man an den Wänden umherfährt, so kommen neue Gestalten zum Vorschein. Ich wollte, ihr könntet das sehen, denn es ist ganz sonderbar zauberhaft. Dreht man sich nach der Öffnung um, durch die man hineinkam, so scheint das Tageslicht rotgelb hindurch, dringt aber nicht weiter als ein paar Schritt davon, und so ist man ganz einsam auf dem Meere unter den Felsen, mit seinem eigenen besonderen Sonnenlichte; es ist, als könne man einmal ein wenig unter dem Wasser leben.

Fanny Lewald

Das schöne Leuchten des Mittelmeeres

Die Überfahrt von Neapel ist bei ruhigem Meere ein Genuss. Die Dampfschiffe gehen mittags von dem neuen Molo ab und sind in zwanzig Stunden in Palermo. Vorüber an dem grün bewachsenen Kegel des Vesuvs, den Posilipp zur Rechten, fährt man durch den Golf von Neapel hinaus in das tiefblaue, wogende Element. Hier im Süden begreift man es, wie die Phantasie des Menschen allem Erschaffenen die Seele eines Gottes einhauchte und damit ihre eigene Göttlichkeit bekundete, die, Götter erschaffend, vor der Größe der Selbstgeschaffenen anbetend sich niederwarf. Die Schönheit der Natur erzeugte im Süden den Pantheismus in instinktiver, poetischer Allegorie schon in frühester Zeit, den viele tausend Jahre später, im starren, farblosen Norden, ein strenger Denker zur abstrakten Theorie erhob.

Wenn der feurige, flammende Sonnenball sich langsam in das Meer hinabsenkt, gleichsam als zögre er noch, um die Freude der Erwartung zu verlängern, um die Wonne der Hoffnung noch tiefer zu genießen, wenn das reiche, azurblaue Meer leise, wie von klopfenden Herzschlägen durchzittert, die bebenden Wogen erhebt, den Sonnenball zu verhüllen, dann begreift man, wie das Bild des feurigen Sonnengottes entstand, der sich, müde nach vollbrachtem Laufe, am Abend in die Arme der ihn sehnsüchtig erwartenden Thetis stürzt. Man sieht den Mond so leicht, so luftig am Himmel schweben, als könne man dahinter fortschauen in die unendliche Tiefe des Äthers; er schwimmt in der Luft, er lebt, und man ahnt den lichten, blonden Kopf der göttlichen Luna, der er zum Schmucke dient.

Und wenn die Stille der Nacht sich über das Meer breitet, wenn die letzten Bergspitzen der Inseln verschwinden und das Schiff feierlich den sichern Gang durch das Element vollendet, dann tauchen die Sterne an dem reinen Blau des Himmels empor wie funkelnde Juwelen an dem fleckenlosen Mantel der Nacht. Sonnenhell scheinen die Venus und der Mars herab, Strahlen werfend und leuchtend. Und in dem weißen Schaum, der dem Räderschlag des Schiffes folgt, blitzt es empor in hellen, elektrischen Funken, das schöne Leuchten des Mittelmeeres, als wolle Neptun seine Göttlichkeit beweisen und zeigen, auch sein Meer besitze Sterne wie der Himmel, der sich darüber wölbt.

Wie beruhigt sich das heiße Wünschen der Seele in dieser feierlichen Stille; wie sanft und ergeben rinnen die zurückgedrängten Tränen, die uns im Gewühl der Welt wie brennende Tropfen in das Herz fallen oder sich erstarrend darumlegen wie tödliches Eis. Der Mensch fühlt sich als einen losgelösten Teil des Weltgeistes und sehnt sich zurück in die reine, heilige Größe des Alls.

Annette von Droste-Hülshoff

Fragment

Alles still ringsum –
Die Zweige ruhen, die Vögel sind stumm.
Wie ein Schiff, das im vollen Gewässer brennt,
Und das die Windsbraut jagt,
So durch den Azur die Sonne rennt
Und immer flammender tagt.

Natur schläft – ihr Odem steht,
Ihre grünen Locken hangen schwer,
Nur auf und nieder ihr Pulsschlag geht
Ungehemmt im heiligen Meer.
Jedes Räupchen sucht des Blattes Hülle,
Jeden Käfer nimmt sein Grübchen auf;
Nur das Meer liegt frei in seiner Fülle
Und blickt zum Firmament hinauf.

Ludwig Ganghofer

Weit überm spiegelglatten Hafen

Weit überm spiegelglatten Hafen
Sank längst die Sonne in das Meer;
Der Lärm des Tages ist entschlafen,
Und schlummernd ruht die Welt umher.

Der kühle Trank des Himmels feuchtet
Der Bäume nachtumflossenes Grün,
Und fern am Horizonte leuchtet
Von Zeit zu Zeit ein Wetterglühn.

Still dehnt die See sich in die Ferne;
Man möchte meinen, sie verschied,
Wenn nicht ein Spiegelbild der Sterne,
Sanft schwankend, Leben noch verriet'.

Ein leichter Windhauch, der am Wasser
Kaum eine schwache Welle schürt,
Zieht über Land so leise, dass er
Im Laube kaum ein Blättchen rührt.

Auf weichem Grase hör' ich's tropfen
Wie leichter Perlen leisen Fall –
Und unsre Herzen hör' ich klopfen
Als unsrer Wonne Widerhall.

Elisabeth (›Sisi‹) von Österreich

Die See

Jetzt ist sie spiegelglatt und fein
Und glänzt wie Gold im Sonnenschein;
Nun wird sie blau wie ein Saphir
Und trägt den Himmel in sich schier;
Hier wieder färbt sie sich tiefgrün,
Als ob sie ein Smaragd beschien'. –
Doch plötzlich weicht die Heiterkeit,
Und mit dem Wind bekommt sie Streit;
Da wird sie grau und schwarz vor Wut,
Es schäumt die erst so sanfte Flut,
Sie wälzt sich zornig hin und her,
Ja, launisch ist das teure Meer!

Warum treibt es den gesunden Menschen mit gesunder Seele nach dem Meer? Warum empfindet man auf der ersten Seereise eine geheimnisvolle Erschütterung, wenn man von dem Schiff aus das Land nicht mehr sieht? Warum war den alten Persern das Meer heilig? Warum schufen die Griechen einen besonderen Gott des Meeres und ließen ihn den Bruder von Zeus sein? Das hatte einen tiefen Sinn! Und noch tiefer ist der Sinn in der Sage von Narzissus, der das wunderschöne Antlitz im Brunnen nicht umarmen konnte, deshalb hineintauchte und ertrank. Wir alle sehen in den Flüssen und Meeren dasselbe Bild. Es ist das geheimnisvolle Bild des Lebens, das wir nicht fassen können.

Herman Melville, *Moby Dick*

Das Meer bedeckt sieben Zehntel der Erdoberfläche. Ein übernatürliches, wundervolles Dasein rührt sich in demselben; es ist nur Bewegung und Liebe. Das Meer ist außerhalb der Macht der Tyrannen. Auf seiner Oberfläche können sie noch Ungerechtigkeit üben, sich bekämpfen, alle Schrecken verüben. Aber dreißig Fuß unterhalb hört ihre Gewalt auf. Ach! mein Herr, im Meeresschoß allein ist Unabhängigkeit! Da fühlt man sich frei!

Jules Verne, *Zwanzigtausend Meilen unterm Meer*

Charles Dickens

Etwas hohe See und ein bisschen widriger Wind

Um Mitternacht fand ich es unten nicht sehr behaglich. Es war verzweifelt eng; und vor allem drängte sich jenes eigentümliche Gemisch seltsamer Gerüche auf, das man nur auf dem Schiffe kennenlernt und das von so subtiler Beschaffenheit ist, dass es durch alle Poren und Spalten des Schiffsraumes einzudringen scheint. Zwei Passagierfrauen (die eine war meine Frau) lagen bereits in stummer Todesangst auf dem Sofa; und ein Stubenmädchen (das meiner Frau) lag wie ein Bündel Wäsche auf den Fußboden hingeworfen, verwünschte sein Geschick und schleuderte seine Lockenwickel zwischen die umherliegenden Schachteln. Alles rutschte verkehrt bergab, was an und für sich schon unerträglich war. Ich hatte vor einem Augenblick die Tür in einer sanften Neigung sacht angelehnt gelassen, und wie ich mich umdrehe, um sie zuzumachen, steht sie auf dem Gipfel einer Anhöhe vor mir. Und nun fing alles Gebälk und jede Planke zu knarren an, als wäre das Schiff eitel Flechtwerk; und dann wieder prasselte es wie ein großes Feuer, mit dem trockensten Reisig angemacht. Dagegen gab es keine Hilfe als im Bett; so ging ich denn zu Bett.

Die nächsten zwei Tage, bei leidlich günstigem Wind und trockenem Wetter, ging es beinahe ebenso. Ich las sehr viel im Bett (weiß aber bis jetzt noch nicht, was), taumelte ein wenig aufs Deck, trank mit unaussprechlichem Widerwillen kalten Branntwein mit Wasser, aß mit vieler Ausdauer harten Zwieback und war nicht krank, doch im Begriff, es zu werden.

Nun ist's der dritte Morgen. Meine Frau weckt mich durch einen furchtbaren Angstschrei aus dem Schlaf und will wissen, ob man in Gefahr sei. Ich erhebe mich und sehe zum Bett hinaus. Der Wasserkrug taucht abwechselnd auf und unter und hüpft in der Stube umher wie ein lustiger Delphin; all der kleinere Hausrat ist flott geworden, meine Schuhe ausgenommen, die auf einem Reisesack gestrandet sind und wie ein Paar Kohlenschifflein hoch im Trockenen stehen. Plötzlich machen meine Schuhe einen Luftsprung, und wie ich nach dem Spiegel schaue, der an der Wand festgenagelt ist, da hängt er an der Decke. Im selben Augenblick verschwindet unsere Tür, und eine andere öffnet sich im Fußboden. Nun endlich begreife ich, dass unser »Staatszimmer« auf dem Kopf steht.

Ehe es möglich ist, sich diesem neuen Stand der Dinge gemäß einzurichten, ist das Schiff wieder auf den Beinen. Ehe man »gottlob« rufen kann, ist's wieder beim alten. Ehe man sagen kann, es steht doch auf dem Kopf, scheint es sich auf einmal aufzuraffen und wie eine lebendige Kreatur aus freien Stücken fortzurennen, mit wankenden Knien und schlotternden Beinen, durch Löcher und Fallgruben, fortwährend stolpernd. Ehe man sich nur verwundern kann, springt es hoch in die Luft empor. Und kaum hat es glücklich seinen Sprung gemacht, so taucht es wieder tief ins Wasser hinab. Ehe es die Oberfläche erreicht hat, schlägt es ein Rad. Wie es wieder auf den Beinen ist, stürzt es rückwärts. Und so geht es fort und fort, stolpernd, bäumend, ringend, hüpfend, untertauchend, stoßend, stürzend, bebend, stampfend und sich wiegend: alle diese verschiedenen Manöver führt es bald eins nach dem andern, bald alle auf einmal aus, sodass man laut um Gnade und Barmherzigkeit schreien möchte.

Ein Steward geht vorbei. »Steward!« – »Sir?« – »Was geht denn vor? Wie nennt ihr das?« – »Etwas hohe See und ein bisschen widriger Wind, Sir.«

Ein widriger Wind! Denkt euch ein Menschengesicht auf dem Vorderteil des Schiffes. Fünfzehntausend Simsons auf einmal suchen es gewaltsam zurückzudrängen und schmettern ihm gerade auf die Nase, sooft es nur um einen Zoll vorwärts gehen will. Denkt euch das Schiff selbst, wie ihm jede Ader in seinem ungeheuren Leibe unter dieser Misshandlung bis zum Bersten anschwillt. Es schwört, vorwärts zu gehen oder zu sterben. Dabei heult der Wind, die See brüllt, der Regen schlägt: alles in rasendem Kampf gegen uns. Malt euch den zugleich schwarzen und stürmischen Himmel aus und die Wolken, die, in furchtbarer Sympathie mit den Wogen, aus der Luft einen zweiten Ozean machen. Dazu das Klatschen auf dem Deck und unten; das Getrampel eilender Männer; das laute, heisere Schreien der Seeleute; die Wellen, die zu den Speigatten aus und ein gurgeln; und endlich schlägt dann und wann eine große Woge auf die Planken oben mit dem tiefen, dumpfen und schweren Schall des Donners, wie man ihn in einem verschlossenen Gewölbe hört – und dann habt ihr den widrigen Wind jenes Januarmorgens.

Von dem, was man den häuslichen, den Privatlärm auf dem Schiff nennen könnte, will ich gar nicht reden; nichts von dem

Klirren zerbrechender Gläser und irdener Geschirre, dem Umfallen der Stewards, den Purzelbäumen leerer Kisten und ganzer Dutzende müßiger Porterflaschen; nichts endlich von den höchst merkwürdigen, aber keineswegs aufheiternden Tönen, welche die siebzig Passagiere, die alle vor Unwohlsein nicht zum Frühstück kamen, in ihren verschiedenen Kabinen ausstießen. Ich will davon gar nicht reden; denn obwohl ich drei oder vier Tage dalag und dieses Konzert mit anhörte, so glaube ich doch, dass ich es eigentlich nicht länger als eine Viertelminute vernahm, weil ich dann sogleich, fürchterlich seekrank, mich hinlegte. …

Einmal – ein einziges Mal – befand ich mich auf dem Deck. Ich weiß weder, wie ich hinaufkam, noch was mich bewogen hatte hinaufzukriechen, genug, ich war oben, und zwar völlig angekleidet; ich hatte einen großen gelben Rock an und ein Paar Stiefel, in die kein Kranker, der bei Sinnen, jemals hineingekommen wäre. Ich fand mich, als ein Strahl von Bewusstsein mir aufdämmerte, stehend und hielt mich an etwas fest, ich weiß nicht, was. Ich glaube, es war der Hochbootsmann: vielleicht war es die Pumpe, möglicherweise die Kuh. Ich wüsste nicht zu sagen, wie lang ich da stehen blieb, ob einen Tag oder eine Minute. Ich entsinne mich nur, dass ich an etwas denken wollte – an was immer auf der weiten Welt, ich war nicht sehr wählerisch –, allein es ging durchaus nicht. Ich konnte nicht einmal erkennen, wo der Himmel und wo das Meer war, denn der Horizont schien betrunken und drehte sich wild nach allen Seiten umher. Doch selbst in diesem Zustand der Unfähigkeit erkannte ich den trägen Herrn, der vor mir stand; er war seemännisch in blauen Fries gekleidet und hatte einen Segeltuchhut auf dem Kopf. Obgleich ich wusste, dass er es war, vermochte ich ihn doch nicht von seinem Anzug zu trennen und machte einen Versuch, ihn mit »Lotse« anzureden. Nach einer Minute Bewusstlosigkeit sah ich, dass er fort war, und bemerkte an seiner Statt eine andere Gestalt. Sie schien mir zu schwanken und zu verrinnen, als sähe ich ihr Bild in einem hin und her wankenden Spiegel; allein ich erkannte doch in ihr den Kapitän; und so groß war der heitere Eindruck und der Einfluss seiner Züge auf mich, dass ich zu lächeln versuchte: ja, selbst in jenem Augenblick versuchte ich zu lächeln. Ich sah an seinen Gebärden, dass er zu mir sprach; aber es dauerte lang, bis ich so viel verstand, dass er mich ausschalt, weil ich bis an die Knie im Wasser stand – so war es auch, ich weiß natürlich nicht, warum. Ich versuchte ihm zu danken, konnte es aber nicht herausbringen. Ich vermochte nur auf meine Stiefel zu zeigen – oder dahin, wo ich meine Stiefel vermutete – und mit kläglicher Stimme zu sagen: »Korksohlen«; zugleich machte ich einen Versuch, wie man mir nachher erzählte, mich im Wasser niederzusetzen. Da er sah, dass ich vollkommen bewusstlos und für den Augenblick unzurechnungsfähig sei, war er so human, mich hinabzuführen.

Ich blieb nun unten, bis sich mein Zustand besserte. Sooft man mich aber bewegen wollte, etwas zu essen, stand ich eine Angst aus, die nur jenen Todesängsten und Qualen nachsteht, welche, wie man sagt, die scheinbar Ertrunkenen erleiden, während man sie ins Leben zurückzurufen sucht.

Herman Melville

Eine grosse träge weisse Masse

Als wir von den Crozetten nordostwärts steuerten, gerieten wir in weite Britwiesen, das feine gelbe Zeug, von dem sich der gewöhnliche Wal überwiegend ernährt. Meilenweit schwamm es um uns herum, sodass wir durch endlose Felder mit reifem und goldenem Weizen hindurchzusegeln schienen.

Am zweiten Tag sah man eine Menge gewöhnlicher Wale, die vor dem Angriff eines Pottwaljägers, wie es die »Pequod« war, mit offenem Maul sicher durch den Brit schwammen, der wie die grünen Netze einer wundervollen Jalousie in ihren Mäulern steckenblieb und so von dem Wasser, das wieder von den Lippen lief, geschieden wurde.

Wie die Morgenschnitter langsam ihre Sensen durch das lange grüne Gras der sumpfigen Wiesen vorwärtsbewegen, so vollzogen diese Ungeheuer beim Weiterschwimmen einen seltsamen grasigen scharfen Schnitt und ließen nur endlose Schwaden von blauer Farbe auf dem gelben Meer zurück.

Langsam watete die »Pequod« durch die Britwiesen und behielt immer noch den Nordostkurs auf die Insel Java bei. Ein sanfter Wind trieb seinen Kiel an, sodass die drei großen bebenden Masten bei einer so heiteren Umgebung der schlaffen Brise nachgaben wie drei sanfte Palmen in der Ebene. Und immer noch sah man in großen Zwischenräumen die einsame verlockende Fontäne in der Silbernacht.

Aber an einem blauen Morgen, wo alle Dinge wie durchleuchtet erschienen, breitete sich eine fast übernatürliche Stille über das Meer aus, die jedoch nicht zu einer stagnierenden Ruhe wurde. Als der lange, gleichsam polierte Sonnenstreifen auf das Wasser fiel, schien es, als ob sich ein goldener Finger darauflegte und zur Verschwiegenheit ermahnte. Als sich die Dünung langsam weiterkräuselte, schienen die wie mit Pantoffelschritt schleichenden Wellen sich zu einem Geflüster zu vereinigen. Da erblickte Daggoo, als die sichtbare Welt an uns vorbeihuschte, oben vom Hauptmast aus ein seltsames Gespenst.

Ganz in der Ferne tauchte allmählich eine große träge weiße Masse auf, stieg höher und höher, entwirrte sich aus dem Azurblau und fiel schließlich aus der Höhe dicht vor unserem Bug wie fallender Schnee nieder. Es glitzerte einen Augenblick auf, dann sank es langsam und fiel schließlich ganz ins Meer. Es erhob sich dann noch einmal und leuchtete in aller Ruhe in seinem Glanz. Es schien nicht ein Wal zu sein. »Ist es am Ende unser Moby Dick?«, dachte Daggoo. Wieder ging das Phantom unter. Aber als es noch einmal wieder zum Vorschein kam, rief der Schwarze mit seinem messerscharfen Laut, der jeden Mann aus seinem Schlaf aufschreckte, gellend: »Da! Da ist es wieder! Dort brandet sie! Zu rechter Hand, vorn! Der weiße Wal, der weiße Wal!« Als die Matrosen das hörten, eilten sie an die Rahnocken wie die Bienen zur Schwarmzeit auf die Zweige. Ahab stand barhäuptig auf dem Bugspriet und hielt die eine Hand bereit, um dem Steuermann seine Befehle zuzuwinken; er warf einen gierigen Blick nach der Richtung, die von oben durch den ausgestreckten starren Arm Daggoos angegeben wurde.

Ob die Erscheinung der immer noch auftretenden einsamen Fontäne auf Ahab allmählich eingewirkt hatte und er nun darauf vorbereitet war, dass er mit dem Gedanken der tiefsten Stille das erstmalige Erscheinen des Wales, dem er auflauerte, verband oder ob seine Leidenschaft mit ihm durchging, genug, kaum hatte er die weiße Masse deutlich bemerkt, als er mit geschwinder Energie sofort Befehl gab, die Boote zu Wasser zu lassen.

Die vier Boote waren bald auf dem Wasser. Ahab war voran, und alle ruderten geschwind auf ihre Beute zu. Aber bald ging das Gespenst unter, und während wir mit eingelegten Rudern darauf warteten, bis es wiederkäme, erhob es sich noch einmal an derselben Stelle, wo es gesunken war. Einen Augenblick vergaßen wir beinah den Gedanken an Moby Dick und starrten die wunderbare Erscheinung an, die die geheimen Tiefen bisher der Menschheit enthüllt haben. Eine ungeheure fleischige Masse, die eine Achtelmeile lang und breit war, von einer gelblich leuchtenden Farbe, lag auf dem Wasser. Unzählige lange Arme gingen in Strahlenformen von der Mitte aus und schlängelten sich wie ein Nest Riesenschlangen aus einem Haufen, als ob sie aufs Geratewohl einen Gegenstand, der in der Nähe war, packen wollten. Es war kein Gesicht und kein Kopf zu erkennen. Kein merkliches Zeichen eines Gefühls oder eines Instinkts. Vielmehr schwamm da auf den Wellen eine unirdische, gestaltlose Erscheinung des Lebens, die wie der Zufall gekommen war. Als das Gespenst mit einem leisen suckenden Laut wieder langsam verschwunden war, rief Starbuck, der immer noch das bewegte Meer, wo jenes Ding versunken war, betrachtete, mit einer wilden Stimme: »Lieber hätte ich Moby Dick gesehen und gejagt als dich weißen Geist!«

»Was war denn das?«, sagte Flask.

»Der große lebendige Tintenfisch. Nur wenige Walfischer, die den gesehen haben, sind in den Hafen zurückgekehrt und haben davon erzählen können.«

Aber Ahab sagte nichts. Er wandte sein Boot um und segelte langsam zum Schiff zurück. Die übrigen folgten ihm ebenso ruhig nach.

Friedrich Gerstäcker

Hier liegen wir in Totenstille. Australien 1851

Den 17. und 18. Windstille – das ist das Traurigste, was einem nach Schiffbruch oder Wassermangel auf der See begegnen kann. Da lieber einen fliegenden Sturm, als tot und regungslos auf dem eben so faulen, kaum leise wogenden Meer herumzutreiben.

Heute besuchte uns auch ein Hai und wir hingen den Haken mit einem Stück Speck aus – er kam auch heran und roch an dem Speck, der sonst seine Lieblingsspeise sein soll; hatte er aber einen verdorbenen Magen, oder war es ihm auch zu warm für fette Speisen, er wollte nichts weiter davon wissen. Viele Schlangen sahen wir wieder, und Seekrabben, die seitwärts im Wasser hintanzten und sich sehr gut zu amüsieren schienen.

Dann und wann mit einer schwachen Brise erreichten wir die Höhe von Timor – die See hatte den einen Tag gar wunderbare, herrliche Farben. Die Tiefe mochte im Allgemeinen kaum mehr als vierzig Faden betragen, und die Farbe blieb deshalb auch meist, bei klarer Luft, ein lichtes Himmelsblau, auf dem sich der weiß silberne, leicht zerfließende blinkende Schaum im Sonnenschein wirklich reizend ausnahm. Die wunderbarsten Tinten gießen sich aber bei solcher See bei Sonnenuntergang über die leicht bewegte Fläche – alle Farben schmelzen dann ineinander, und über das Blau hingedeckt, schwimmt manchmal auf dem plätschernden Wasser ein weites glühendes Netz von blitzender Bronze, das wie die Sonne im Westen sinkt, matter und matter sich färbt und endlich mit einem fahlen Bleiglanz die ganze Oberfläche des Meeres deckt.

An diesem Abende hatte das Meer die schönste oder auch vielleicht eigentümlichste Färbung, die ich noch je gesehen. Durch den Grund hier hervorgerufen und durch das Brechen der Lichtstrahlen in dem doch noch tiefen Wasser war die Farbe ein reines Dunkelgrün, und der am Bug aufspritzende starke Schaum legte sich wie dicke solide Silbermassen auf den düsteren Grund und stach wahrhaft prachtvoll davon ab. »Die See ist monoton«, sagen viele, »immer dasselbe wieder, immer Himmel und Wasser«, ich habe mich aber doch schon eine ganze Weile darauf herumgetrieben und kann Stunde nach Stunde auf die wechselnden wogenden Wassermassen hinaussehen, ich werde nicht müde ihnen zuzuschauen – es gibt aber auch Menschen die das schönste Gemälde betrachten können und doch weiter nichts darauf finden wie »Gesichter und Bäume«, und für die ist dann freilich auch die See monoton und eben nichts weiter als »Himmel und Wasser«.

Den 20. bekamen wir eine leichte Brise und, als sich gegen Abend der auf dem Wasser lagernde Duft etwas aufhellte, die Insel Timor in Sicht, die sich mit ihren hohen Bergrücken und tiefen schattigen Tälern, von den letzten Strahlen der untergehenden Sonne überhaucht, malerisch genug vor uns ausbreitete. Da liegt nun das Land, und ich kann nicht hinüber, da liegen Täler und Höhen, die des Interessanten so unendlich viel bieten, und ich muss vorbeifahren, als ob mich die ganze Geschichte gar nichts anginge – und wenn wir nur noch wenigstens *vorbei*führen, aber nein, hier liegen wir in Totenstille, kein Lüftchen bewegt die schlaff an den Masten niederhängenden Segel, das Meer ist spiegelglatt und selbst die sonst stete Schwellung desselben kaum bemerkbar, und von da drüben blitzen die Feuer der Malaien zu uns herüber, leichte Schwaden steigen aus den geheimnisvollen Tälern auf, die ich nie betreten soll, und von der weit auslaufenden Landspitze schauen gegen den noch hellen Hintergrund der untergegangenen Sonne die hohen Kokospalmen nach uns her, nicken mit den stolzen gekrönten Häuptern und sagen gute Nacht.

Gute Nacht – sie haben vortrefflich gute Nacht sagen, und können den guten Morgen gleich noch hinzufügen – am nächsten Morgen lagen wir noch da, und nur der Strömung konnten wir es danken, dass sie uns wenigstens etwas nach Westen hinübersetzte. …

Montag den 3. November – Windstille – Windstille – Windstille – und ich fange wirklich an einzusehen, dass unsere deutsche Sprache doch manche Mängel hat. Wenn wir recht ungeduldig werden und fluchen wollen, sagen wir »Donnerwetter«, das ist aber höchst unrichtig und drückt wenigstens nur einen sehr geringen Grad alles dessen aus, was wir jedenfalls damit ausgedrückt haben wollen. *Windstille* sollten wir sagen, Windstille.

Mark Twain

Ein Tag auf dem Tropenmeer. Von Ceylon nach Mauritius

Der Kapitän hat uns soeben erzählt, es sei auf einer seiner Fahrten im nördlichen Eismeer so kalt gewesen, dass der Schatten des Schiffsmaats auf dem Deck festfror und man nur mit Gewalt zwei Drittel davon wieder loseisen konnte. Alle schwiegen bei dieser Mitteilung, niemand äußerte ein Wort, und der Kapitän ging ganz betreten davon. – Er wird noch alle Lust verlieren, überhaupt etwas zu sagen.

Es gibt doch nichts Ruhevolleres als einen Tag auf dem Tropenmeer: Die blaue See ist glatt und ohne Bewegung, nur die schnelle Fahrt des Schiffes erzeugt einen frischen Lufthauch, und bis zum fernsten Horizont kann man nicht das kleinste Segel erspähen. Es kommen keine Briefe an, die gelesen und beantwortet werden müssen, man wird nicht durch Zeitungsnachrichten aufgeregt, durch Telegramme beunruhigt und erschreckt; die Welt liegt weit abseits, sie ist für uns nicht vorhanden – anfangs verblasste sie wie ein Traum, jetzt ist sie ins Wesenlose versunken. All ihr Arbeiten und Streben, ihr Glück und Unglück, ihre Wonne und Verzweiflung, ihre Freuden und Kümmernisse, ihre Sorgen und Qualen haben nichts mehr mit unserem Leben zu schaffen, sie sind vorübergezogen wie ein Sturm, auf den tiefe Windstille gefolgt ist.

Die in schneeweißes Linnen gekleideten Passagiere versammeln sich in Gruppen auf dem Deck; sie lesen, rauchen, spielen Karten, plaudern, halten ein Mittagsschläfchen, kurz: tun, was sie wollen. Auf andern Schiffen stellt man fortwährend Berechnungen an, wie lange die Fahrt noch dauern wird, auf diesen Meeren geschieht das höchst selten. Kein Mensch kümmert sich um das Anschlagbrett, wo die tägliche Fahrgeschwindigkeit verzeichnet wird, auch wettet man natürlich nicht auf den Lauf des Schiffes, wie das bei Reisen über den atlantischen Ozean zu geschehen pflegt.

Mir selbst ist es vollständig gleichgültig, wann wir in den Hafen kommen; auch habe ich noch keinen der andern Passagiere danach fragen hören. Wenn es nach mir ginge, würden wir überhaupt nie mehr landen; denn dieses Leben auf dem Wasser hat für mich einen unaussprechlichen Reiz. Da gibt es weder Ermüdung noch Abspannung noch Missstimmung, man hat keine Sorge, keine Arbeit, keine Verantwortlichkeit. Wo wäre wohl auf dem Land solches Behagen, solche Heiterkeit, solcher Friede und ein so volles Genügen zu finden? Hätte ich die Wahl, ich segelte endlos weiter auf diesem wundervollen Meer und schlüge meinen Wohnsitz nie wieder am festen Land auf.

Victor Hugo

Die unsichtbaren Raubvögel der Unendlichkeit

Für den Seemann ist die Zeit der Tagundnachtgleiche eine höchst gefürchtete. Es ist dies die Zeit der Ankunft der Sturmwinde; furchtbare Erscheinungen gehen diesen vorher.

In jeder Jahreszeit, namentlich zur Zeit des Neu- oder Vollmondes, tritt auf dem Meer in einem Augenblick, wo man es am wenigsten erwarten sollte, plötzlich eine unheimliche Stille ein. Seine wunderbare, unaufhörliche Bewegung schwindet; es wird matt und schläfrig und scheint sich nach Ruhe zu sehnen, sodass man es für müde halten möchte. Alle Schiffszeichen, von dem Wimpel des Fischerboots bis zur Flagge des Kriegsschiffes, die Banner der Admiräle, der Könige und Kaiser hängen schlaff am Mast herab.

Plötzlich indes beginnen sie sich leise zu bewegen.

In diesem Augenblick stellt der Kapitän oder Führer eines Geschwaders, welcher das Glück hat, eines jener Wettergläser zu besitzen, deren Erfinder unbekannt ist, mit Hilfe eines Mikroskops an diesem Glas Beobachtungen an und ergreift Vorsichtsmaßregeln gegen den Südwind, wenn die Mischung das Aussehen geschmolzenen Zuckers hat, und gegen den Nordwind, wenn sie sich in farnblatt- oder fichtennadelartige Kristalle auflöst. In diesem Augenblick befragt der arme irische oder bretagnische Fischer ein geheimnisvolles Gnomon, welches die Römer oder die Geister auf einem jener rätselhaften viereckigen Steine – in der Bretagne Menhir und in Irland Cruach genannt – eingegraben haben, und zieht seine Barke aus dem Meer zurück.

Indessen dauert die erhabene Ruhe des Himmels und des Ozeans fort.

Die düstere Erscheinung des möglicherweise Verborgenen wird dem Menschen durch die verhängnisvolle Undurchdringlichkeit der Dinge verdeckt. Der fürchterlichste und trostloseste Anblick ist ein verschleierter Abgrund.

Man sagt: Dahinter steckt etwas; ja: Sturm ist hinter der Windstille verborgen.

So vergehen einige Stunden, manchmal sogar einige Tage. Die Seefahrer richten ihre Fernrohre hierhin und dorthin. Das Gesicht der alten Schiffer hat einen strengen Ausdruck, welcher dem geheimen Zorn, so lange warten zu müssen, ähnlich sieht.

Plötzlich hört man lautes, verworrenes Murmeln, als wenn in der Luft ein geheimnisvolles Zwiegespräch gehalten würde.

Man sieht nichts.

Die Meeresfläche bleibt gleichgültig.

Indessen wächst, steigt, hebt sich der Lärm, und das Zwiegespräch wird lauter.

Es ist jemand hinter dem Horizont; jemand Schreckliches: der Wind.

Der Wind, das heißt, jenes Titanenvolk, welches wir Sturm nennen.

Die ungeheure Brut der Finsternis.

Der Inder nannte sie Marut, der Jude Cherubin, der Grieche

Aquilonen. Es sind die unsichtbaren Raubvögel der Unendlichkeit.

Diese Sturmwinde sind im Anzug.

Woher kommen sie? Aus dem Unermesslichen. Für ihre Fittiche bedürfen sie der Unendlichkeit. Ihre ungemeinen Flügel erfordern die Unbegrenztheit der Einöden. Das atlantische, das stille Weltmeer mit ihren weiten, blauen Räumen sagen ihnen zu. Sie verfinstern das Meer und fliegen in großen Scharen herbei. Der Kommandant Page sah einmal auf hoher See sieben Windhosen zu gleicher Zeit. Plötzlich sind sie da in voller Wut, sinnen Verwüstung und wählen als Tummelplatz das schnelle und ewige Wogen der Wellen. Was sie können, ist unbekannt, ebenso was sie wollen: Sie sind die Sphinx des Abgrundes und Gama ist ihr Ödipus. In jenem Dunkel des ewig beweglichen Meeres erscheinen sie, die Gesichter der Wolken. Wer ihre bleichen Züge zerstreut an dem Gesichtskreis des Ozeans wahrnimmt, fühlt sich in Gegenwart einer unbezwingbaren Macht. Es scheint, als ob der menschliche Geist sie beunruhige und sie sich ihm widersetzten. Der Geist ist unbesiegbar, das Element aber uneinnehmbar. Was lässt sich gegen eine ungreifbare Allgegenwart tun? Der Hauch wird zum Sturm und dann wieder zum Hauch. Die Winde kämpfen mit vernichtender Gewalt und verteidigen sich durch ihr Verschwinden. Wer ihnen begegnet, fällt ihrem Willen anheim. Ihr verschiedenartiger und stoßweiser Angriff bringt aus der Fassung. Ihre Flucht geschieht ebenso schnell als ihr Angriff. Es sind unerschütterliche Starrköpfe. Wie kommt man damit zu Ende?

Sie haben die Diktatur über das Chaos; sie gebieten dem

Chaos. Was machen sie damit? Man begreift ihre Unversöhnlichkeit nicht. Die Windesgrube ist ungeheuerlicher als die Löwengrube. Wie viele Leichname liegen unter diesem bodenlosen Leichentuch! Die Winde wühlen ohne Mitleid die große dunkle Masse auf. Man hört sie immer, sie hören nichts. Sie vollführen Dinge, welche Verbrechen gleichen. Man weiß nicht, auf wen sie die Spitzen der weißschäumenden Wellen schleudern. Welch gottlose Wildheit in einem Schiffbruch! Welcher Hohn gegen die Vorsehung! Bisweilen sehen sie aus, als wenn sie Gott begeiferten. Sie sind die Tyrannen unbekannter Welten.

Die Bäume dulden zitternd ihre willkürlichen Wege. Was in diesen großen Weiten vorgeht, ist unbeschreibbar. Etwas Ritterliches mischt sich in das Finstere. Die Luft macht einen Höllenlärm. Man sieht nichts und hört doch ganze Reiterscharen. Obgleich Mittag, wird doch plötzlich Mitternacht: ein Tornado zieht vorüber; trotz Mitternacht wird plötzlich Tag: das Polarlicht entzündet sich. Wirbelwinde von entgegengesetzten Seiten wechseln in scheußlichem Tanz miteinander ab: das flüssige Element scheint unter Keulenschlägen zu erzittern.

Die Winde laufen, fliegen, matten sich ab, hören auf, beginnen wieder, schweben, pfeifen, brüllen, lachen, wüten, sind wie entzügelt, indem sie auf den zornigen Wogen nach ihrem Gefallen sich tummeln. Und doch hat das Heulen eine gewisse Harmonie. Der ganze Himmel tönt wohlklingend wider. Sie stoßen in die Wolken wie in ein Horn, legen den Weltenraum an ihren Mund und singen in die Unendlichkeit hinaus mit einer Art Prometheus-Fanfare, in welcher die Stimmen aller Klarinetten, Becken, Pauken, Trommeln und Trompeten ineinander verschmolzen sind. Wer sie vernimmt, hört Pan. Das Furchtbare dabei ist nur ihr Spiel. Sie haben eine wahre Höllenfreude, wenn sie in jenen Einöden den Schiffen zum Sturmmarsch blasen. Ohne Ruhe, am Tag wie in der Nacht, zu jeder Jahreszeit, in den Tropen und unter den Polen führen sie, sobald sie in ihre mächtige Trompete gestoßen haben, mitten durch die Hindernisse der Wolken und Wellen, die große wilde Jagd der Schiffbrüche. Sie sind die Herren der Meute; lassen gegen die Felsen ihre Hunde, die Wogen, bellen; jagen die Wolken zusammen und treiben sie wieder auseinander. Sie kneten, wie mit Tausenden von Händen, die geschmeidigen, unendlichen Gewässer durcheinander.

Das Wasser ist geschmeidig, weil es sich nicht zusammendrücken lässt. Es entschlüpft unter jeder Last. Auf der einen Seite belastet, entweicht es auf der andern. Dadurch bildet sich die Welle. Sie ist also die Befreierin des Wassers.

Joseph Conrad

Das Wesen des Gegners

Mir scheint, kein wirklich aufrichtiger Mensch könnte behaupten, ihm sei die See jemals so jung erschienen wie die Erde im Frühling. Aber manchen von uns, die das Meer mit verstehender Liebe ansehen, ist es schon so alt vorgekommen, als wären aus seinem unberührten Schlammgrund die unvordenklichen Zeiten aufgewühlt worden. Denn es sind die Stürme, die das Meer alt aussehen lassen.

Wenn ich über den Abstand der Jahre hinweg die Erinnerungsbilder erlebter Stürme betrachte, dann löst sich dieser Eindruck ganz deutlich aus dem starken Gesamteindruck heraus, der in den vielen Jahren inniger Vertrautheit entstanden ist.

Wer das Alter der Erde erfahren will, der schaue bei Sturm auf die See. Das Grau dieser unermesslichen Oberfläche, die Windfurchen auf dem Antlitz der Wogen, die riesigen Massen hin und her geschleuderter, wallender Gischt, die weißem Greisenhaar gleichen, lassen die See im Sturm ehrwürdig alt, glanzlos, matt und stumpf erscheinen, als wäre sie noch vor der Schöpfung des Lichtes erschaffen worden.

Rückblickend spürt man nach all der Liebe und all der Furcht, die man erfahren hat, wie im Innern noch einmal der Instinkt des Primitiven geweckt wird, der die Naturgewalten in seiner Zuneigung und seiner Furcht zu personifizieren versucht, obgleich man schon in seiner Kindheit über dieses Stadium hinaus war. Man glaubt Stürme zu Feinden gehabt zu haben, aber selbst als

Feinde noch werden sie mit dem liebevollen Bedauern umfangen, das dem Vergangenen anhängt.

Stürme haben ihre persönliche Eigenart, und vielleicht ist das nach alledem gar nicht so sonderbar; denn letzten Endes sind es Gegner, deren Tücken man vereiteln und deren Ungestüm man widerstehen muss, und mit denen man dennoch Tag und Nacht eng vertraut zu leben hat.

Dies sagt ein Mann der Masten und Segel, dem die See nicht ein schiffbares Element, sondern ein vertrauter Gefährte ist. Die langen Reisen, das zunehmende Gefühl der Einsamkeit, die unmittelbare Abhängigkeit von den Mächten, die heute freundlich und morgen, ohne ihr inneres Wesen zu ändern, allein durch das Spiel ihrer Kräfte gefährlich werden, all dies führt zu einem Gemeinschaftsgefühl, das der heutige Seemann bei aller Tüchtigkeit niemals erfahren wird. Außerdem gehen die Reisen eines modernen Schiffes, eines Dampfschiffes also, nach anderen Prinzipien vor sich, die sich nicht nach Wind und Seegang richten. Der Dampfer muss zwar auch Schläge hinnehmen, doch er kommt dabei noch voran – es ist eine verbissene Schlägerei, aber kein systematischer Kampf mehr. Maschine, Stahl, Feuer und Dampf haben sich zwischen den Menschen und die See gestellt. Die moderne Handelsflotte bezwingt nicht die See, sie nutzt die Seestraßen aus. Das moderne Schiff ist nicht mehr der Spielball der Wellen. Mag auch jede seiner Reisen ein triumphaler Fortschritt sein, es bleibt trotzdem fraglich, ob es nicht ein menschlich höherer Triumph ist, Spielball der Wellen zu sein und dennoch zu überleben und sein Ziel zu erreichen.

Zu seiner Zeit ist jeder Mensch modern, aber niemand weiß, ob die Seeleute in dreihundert Jahren noch fähig sein werden, diese Seelenverwandtschaft zu empfinden. Mit zunehmender Vollkommenheit verhärtet sich das Herz einer unverbesserlichen Menschheit. Was wird in ihrem Herzen vor sich gehen, wenn sie die Illustrationen der Seegeschichten unserer oder vergangener Tage sehen wird? Man kann es sich nicht vorstellen. Aber der Seemann der letzten Generation, der sich mit den alten Karavellen durch das Segelschiff seiner Zeit, ihrem gradlinigen Nachkommen, immer noch verbunden fühlt, kann diese schwerfälligen Fahrzeuge, wie sie auf alten Holzschnitten abgebildet sind, nicht ohne ein Gefühl des Erstaunens, liebevollen Spottes, Neides und der Bewunderung betrachten. Denn auf diesen Schiffen, die schon auf dem Papier so unhandlich aussehen, dass man mit einem gewissen Horror nach Luft schnappen muss, fuhren Männer, die seine direkten beruflichen Vorfahren sind.

Nein, in dreihundert Jahren werden die Seeleute wahrscheinlich weder berührt sein noch sich zu Spott, Zuneigung oder Bewunderung hinreißen lassen. Sie werden die Abbildungen unsrer so gut wie ausgestorbenen Segelschiffe mit einem kalten, neugierigen und doch gleichgültigen Blick flüchtig ansehen. Unsere alten Schiffe werden nicht die Vorfahren ihrer Schiffe sein, sondern ihre Vorgänger, deren Laufbahn zu Ende und deren Art ausgestorben ist. Und so wird auch der Seemann der Zukunft nicht unser Abkömmling, sondern, was für ein Fahrzeug auch immer er dann fachkundig führen wird, nur unser Nachfolger sein.

Georg Heym

Die Seefahrer

Die Stirnen der Länder, rot und edel wie Kronen
Sahen wir schwinden dahin im versinkenden Tag
Und die rauschenden Kränze der Wälder thronen
Unter des Feuers dröhnendem Flügelschlag.

Die zerflackenden Bäume mit Trauer zu schwärzen,
Brauste ein Sturm. Sie verbrannten, wie Blut,
Untergehend, schon fern. Wie über sterbenden Herzen
Einmal noch hebt sich der Liebe verlodernde Glut.

Aber wir trieben dahin, hinaus in den Abend der Meere,
Unsere Hände brannten wie Kerzen an.
Und wir sahen die Adern darin, und das schwere
Blut vor der Sonne, das dumpf in den Fingern zerrann.

Nacht begann. Einer weinte im Dunkel. Wir schwammen
Trostlos mit schrägem Segel ins Weite hinaus.
Aber wir standen am Borde im Schweigen beisammen
In das Finstre zu starren. Und das Licht ging uns aus.

Eine Wolke nur stand in den Weiten noch lange,
Ehe die Nacht begann, in dem ewigen Raum
Purpurn schwebend im All, wie mit schönem Gesange
Über den klingenden Gründen der Seele ein Traum.

Wilhelm Gerhard

Matrose

Auf, Matrosen, die Anker gelichtet,
Segel gespannt und Kompass gerichtet!
Liebchen, ade!
Scheiden tut weh;
Morgen geht's in die wogende See.

Noch einen Kuss von rosiger Lippe,
Und ich fürchte nicht Sturm noch Klippe.
Günstig sind
Wetter und Wind,
Und das Schifflein segelt geschwind.

Ohne zu scheitern und ohne zu stranden,
Fliegen wir weit nach entlegenen Landen;
Rum und Wein
Tauschen wir ein,
Zucker, Muskaten und Nägelein.

Kehren dann heim, das Schiff befrachtet,
In den Hafen, wo's Liebchen schmachtet.
Braus', oh See!
Wimpel weh!
Wenn ich mein Trautchen nur wiederseh!

Joseph Roth

Die Sehnsucht der Korallen

Nissen Piczenik hatte eine familiäre Zärtlichkeit für Korallen. Von den Naturwissenschaften weit entfernt, ohne lesen und schreiben zu können – denn er hatte niemals eine Schule besucht, und er konnte nur unbeholfen seinen Namen zeichnen –, lebte er in der Überzeugung, dass die Korallen nicht etwa Pflanzen seien, sondern lebendige Tiere, eine Art winziger roter Seetiere – – und kein Professor der Meereskunde hätte ihn eines Besseren belehren können. Ja, für Nissen Piczenik lebten die Korallen noch, nachdem sie gesägt, zerschnitten, geschliffen, sortiert und gefädelt worden waren. Und er hatte vielleicht recht. Denn er sah mit eigenen Augen, wie seine rötlichen Korallenschnüre an den Busen kranker oder kränklicher Frauen allmählich zu verblassen begannen, an den Busen gesunder Frauen aber ihren Glanz behielten. Im Verlauf seiner langen Korallenhändlerpraxis hatte er oft bemerkt, wie Korallen, die blass – trotz ihrer Röte – und immer blasser in seinen Schränken gelegen waren, plötzlich zu leuchten begannen, wenn sie um den Hals einer schönen, jungen und gesunden Bäuerin gehängt wurden, als nährten sie sich von dem Blut der Frauen. Manchmal brachte man dem Händler Korallenschnüre zum Rückkauf, er erkannte sie, die Kleinodien, die er einst selbst gefädelt und behütet hatte – und er erkannte sofort, ob sie von gesunden oder kränklichen Frauen getragen worden waren.

Er hatte eine eigene, ganz besondere Theorie von den Korallen. Seiner Meinung nach waren sie Tiere des Meeres, die gewissermaßen nur aus kluger Bescheidenheit Bäume und Pflanzen spielten, um nicht von den Haifischen angegriffen oder gefressen zu werden. Es war die Sehnsucht der Korallen, von den Tauchern gepflückt und an die Oberfläche der Erde gebracht, geschnitten, geschliffen und aufgefädelt zu werden, um endlich ihrem eigentlichen Daseinszweck zu dienen: nämlich der Schmuck schöner Bäuerinnen zu werden. Hier erst, an den weißen, festen Hälsen der Weiber, in innigster Nachbarschaft mit der lebendigen Schlagader, der Schwester der weiblichen Herzen, lebten sie auf, gewannen sie Glanz und Schönheit und übten die ihnen angeborene Zauberkraft aus, Männer anzuziehen und deren Liebeslust zu wecken. Zwar hatte der alte Gott Jehovah alles selbst geschaffen, die Erde und ihr Getier, die Meere und alle ihre Geschöpfe. Dem Leviathan aber, der sich auf dem Urgrund aller Wasser ringelte, hatte Gott selbst für eine Zeit lang, bis zur Ankunft des Messias nämlich, die Verwaltung über die Tiere und Gewächse des Ozeans, insbesondere über die Korallen, anvertraut.

Nach all dem, was hier erzählt ist, könnte man glauben, dass der Händler Nissen Piczenik als eine Art Sonderling bekannt war. Dies war keineswegs der Fall. Piczenik lebte in dem Städtchen Progrody als ein unauffälliger, bescheidener Mensch, dessen Erzählungen von den Korallen und dem Leviathan ganz ernst genommen wurden, als Mitteilungen eines Mannes vom Fach nämlich, der sein Gewerbe ja kennen musste, wie der Tuchhändler Manchesterstoffe von deutschem Perkal unterschied und der

Teehändler den russischen Tee der berühmten Firma Popoff von dem englischen Tee, den der ebenso berühmte Lipton aus London lieferte. Alle Einwohner von Progrody und Umgebung waren überzeugt, dass die Korallen lebendige Tiere sind und dass sie von dem Urfisch Leviathan in ihrem Wachstum und Benehmen unter dem Meere bewacht werden. Es konnte nicht daran gezweifelt werden, da es ja Nissen Piczenik selbst erzählt hatte.

Die schönen Fädlerinnen arbeiteten oft bis spät in die Nacht und manchmal sogar nach Mitternacht im Hause Nissen Piczeniks. Nachdem sie sein Haus verlassen hatten, begann der Händler selbst, sich mit seinen Steinen, will sagen: Tieren, zu beschäftigen. Zuerst prüfte er die Ketten, die seine Mädchen geschaffen hatten, hierauf zählte er die Häufchen der noch nicht und der schon nach ihrer Rasse und Größe geordneten Korallen, dann begann er, selbst zu sortieren und mit seinen rötlich behaarten, starken und feinfühligen Fingern jede einzelne Koralle zu befühlen, zu glätten, zu streicheln. Es gab wurmstichige Korallen. Sie hatten Löcher an den Stellen, an denen Löcher keineswegs zu brauchen waren. Da hatte der sorglose Leviathan einmal nicht aufgepasst. Und um ihn zurechtzuweisen, zündete Nissen Piczenik eine Kerze an, hielt ein Stück roten Wachses über die Flamme, bis es heiß und flüssig ward, und verstopfte mittels einer feinen Nadel, deren Spitze er in das Wachs getaucht hatte, die Wurmbohrungen im Stein. Dabei schüttelte er den Kopf, als begriffe er nicht, dass ein so mächtiger Gott wie Jehovah einem so leichtsinnigen Fisch wie dem Leviathan die Obhut über die Korallen hatte überlassen können.

Manchmal, aus purer Freude an den Steinen, fädelte er selbst Korallen, bis der Morgen graute und die Zeit gekommen war, das Morgengebet zu sagen. Die Arbeit ermüdete ihn keineswegs, er fühlte keinerlei Schwäche. … Er liebte die Korallen. Und ein unbestimmtes Heimweh war in seinem Herzen, er hätte sich nicht getraut, es bei Namen zu nennen: Nissen Piczenik, geboren und aufgewachsen mitten im tiefsten Kontinent, sehnte sich nach dem Meere.

Ja, er sehnte sich nach dem Meere, auf dessen Grund die Korallen wuchsen, vielmehr, sich tummelten – nach seiner Überzeugung. Weit und breit gab es keinen Menschen, mit dem er von seiner Sehnsucht hätte sprechen können, in sich verschlossen musste er es tragen, wie die See die Korallen trug. Er hatte von Schiffen gehört, von Tauchern, von Kapitänen, von Matrosen. Seine Korallen kamen in wohlverpackten Kisten, an denen noch der Seegeruch haftete, aus Odessa, Hamburg oder Triest. Der öffentliche Schreiber in der Post erledigte ihm seine Geschäftskorrespondenz. Die bunten Marken auf den Briefen der fernen Lieferanten betrachtete er ausführlich, bevor er die Umschläge wegwarf. Nie in seinem Leben hatte er Progrody verlassen. In diesem kleinen Städtchen gab es keinen Fluss, nicht einmal einen Teich, nur Sümpfe ringsherum, und man hörte wohl unter der grünen Oberfläche das Wasser glucksen, aber man sah es niemals. Nissen Piczenik bildete sich ein, dass es einen geheimen Zusammenhang zwischen dem verborgenen Gewässer der Sümpfe und den gewaltigen Wassern der großen Meere gebe – und dass auch tief unten, in den Sümpfen, Korallen vorhanden sein könnten. Er wusste, dass er, wenn er diese Ansicht jemals geäußert hätte, zum Gespött des Städtchens geworden wäre. Er schwieg daher und erwähnte seine Ansicht nicht. Er träumte manchmal davon, dass das große Meer - er wusste nicht welches, er hatte niemals eine Landkarte gesehen, und alle Meere der Welt waren für ihn einfach *das* große Meer - eines Tages Russland überschwemmen würde, und zwar just jene Hälfte, auf der er lebte. Dann wäre also die See, zu der er niemals zu gelangen hoffte, zu ihm gekommen, die gewaltige, unbekannte See mit dem unmessbaren Leviathan auf ihrem Grunde und mit all ihren süßen und herben und salzigen Geheimnissen.

Lou Andreas-Salomé

Das Wunderwerk der Quallen

Hochgeschürzt und barfuß im Wasser herumstreifend, fahndete Gitta emsig nach Seesternen, Taschenkrebsen, Muscheln – ja sogar simple Kiesel, von der Salznässe wunderbar umflimmert, taten es ihr an wie Geschmeide –, bis der nächste Morgen ihren ganzen Schatz, als binde das Meer ihn dennoch geheimnisvoll an sich, ins Unansehnlichste verwandelte – was sie jedoch nur begieriger machte nach des Meeres Zaubereien. Am zauberhaftesten blieb ihr der Quallen Wunderwerk, worin alle Farben- und Linienschönheit des Himmels und der Erden sich abzuspiegeln schien in unübersehbaren Verschlingungen zartblauer, purpurner, welkgrüner, tiefvioletter oder sonnenheller Töne. Wie man ins Theater geht oder von Schicksalsverhängnissen hört, so nahm Gitta teil am dramatischen Ergehen der Quallen auf dem Strandsand. Da gab's Tage für jede Art solcher Meeresbewohner: je nach Sturmlaune kamen die Seesterne dran, die Quallen oder auch die Fahlmuscheln. Dann bedeckten sie plötzlich, in Riesenkolonien, zu Hunderttausenden den Sand – und während sie, obgleich in der Wellenunendlichkeit verstreut, doch alle das gleiche gelebt, wandelte sich's ihnen gerade in dieser engen Gemeinschaft zu verschiedenartigster Tragik: ob das Meer sie barmherzig wieder hineinnahm in seinen Schoß, ob sie unter Menschentritt zergingen, ob der Strandsand sie langsam in sich eintrank, bis nur noch, buchstabenhaft, ein Rätselstempel auf ihm davon übrig blieb als geheimnisvolle Inschrift. Ganze Stunden konnte Gitta mit diesen Schicksalsgezeichneten verbringen.

Franziska Stoecklin

Die singende Muschel

Als Kind sang eine Muschel
mir das Meer.
Ich konnte träumelang
an ihrem kühlen Munde lauschen.
Und meine Sehnsucht wuchs
und blühte schwer,
und stellte Wünsche und Gestalten
in das ferne Rauschen.

Stefan George

Der herr der insel

Die fischer überliefern dass im süden
Auf einer insel reich an zimmt und öl
Und edlen steinen die im sande glitzern
Ein vogel war der wenn am boden fussend
Mit seinem schnabel hoher stämme krone
Zerpflücken konnte · wenn er seine flügel
Gefärbt wie mit dem saft der Tyrer-schnecke
Zu schwerem niedrem flug erhoben: habe
Er einer dunklen wolke gleichgesehn.
Des tages sei er im gehölz verschwunden ·
Des abends aber an den strand gekommen ·
Im kühlen windeshauch von salz und tang
Die süsse stimme hebend dass delfine
Die freunde des gesanges näher schwammen
Im meer voll goldner federn goldner funken.
So habe er seit urbeginn gelebt ·
Gescheiterte nur hätten ihn erblickt.
Denn als zum erstenmal die weissen segel
Der menschen sich mit günstigem geleit
Dem eiland zugedreht sei er zum hügel
Die ganze teure stätte zu beschaun gestiegen ·
Verbreitet habe er die grossen schwingen
Verscheidend in gedämpften schmerzeslauten.

Im Meer gibt es Fische, welche auch aus dem Wasser gehen und in der Luft fliegen können. Man sollte meinen, es sei erdichtet, weil bei uns so etwas nicht geschieht. Aber wenn ein Mensch auf einer Insel wohnte, wo er keinen anderen Vogel als Meisen, Distelfinken, Nachtigallen und andere dergleichen lustige Musikanten des Waldes könnte kennenlernen, so würde er es ebenso unglaublich finden, wenn er hörte, dass es irgendwo ein Land gebe, wo Vögel auf dem Wasser schwimmen und darin untertauchen; und doch können wir dieses auf unserem Gewässer alle Tage sehen, und wir müssen daher auch nicht glauben, dass alle Wunder der Natur nur in anderen Ländern und Weltteilen seien. Sie sind überall.

Johann Peter Hebel, *Fliegende Fische*

Ist das Meer nicht herrlich? Diese Möwen – einfach großartig! Wären Sie gern eine Möwe? Ich schon, glaube ich – jedenfalls wenn ich kein Mensch sein könnte. Wie schön muss das sein; man erwacht bei Sonnenaufgang, fliegt im Sturzflug hinab und gleitet dann den ganzen Tag über das wunderbar blaue Wasser, und am Abend fliegt man zurück in sein Nest. Oh, wie gern täte ich das.

Lucy Maud Montgomery, *Anne auf Green Gables*

Hans Christian Andersen

Die grosse Seeschlange

Es war ein kleiner Seefisch aus guter Familie; seinen Namen erinnere ich mich nicht, den müssen dir die Gelehrten sagen. Der kleine Fisch hatte achtzehnhundert Geschwister von gleichem Alter. Sie kannten weder Vater noch Mutter; sie mussten allein umherschwimmen und für sich selbst sorgen, aber das machte großes Vergnügen. Wasser hatten sie genug zu trinken, das ganze Weltmeer; ans Essen dachten sie nicht, das kommt später. Jeder wollte seiner Lust folgen, jeder wollte seine eigene Geschichte haben; aber keiner von ihnen dachte daran.

Die Sonne schien in das Wasser, dass es blitzte, so klar war es. Es war eine Welt mit den seltsamsten Geschöpfen, und einige waren grauenhaft groß mit gewaltigem Maul; sie hätten die achtzehnhundert Geschwister auf einmal verschlucken können. Aber daran dachte keiner von ihnen, denn niemand war bis jetzt verschluckt worden.

Die Kleinen schwammen zusammen, dicht beieinander wie die Heringe und Makrelen. Aber als sie am allerlustigsten im Wasser umherschwammen und an nichts dachten, da sank mit entsetzlichem Tosen von oben mitten in sie hinein ein langes, schweres Ding, das sich gar nicht aufhielt. Lang und länger erstreckte es sich, und alle kleinen Fische, die es fasste, wurden gequetscht oder erhielten einen Knacks, den sie nicht verwinden konnten. Alle kleinen Fische und auch die großen, dicht unter der Oberfläche des Meeres bis zum Grund hinab, fuhren erschrocken zur Seite. Das schwere, gewaltige Ding sank tiefer und tiefer, wurde länger und länger, meilenlang durch das ganze Meer.

Fisch und Muschel, alles was schwimmen und kriechen oder in der Strömung treiben konnte, bemerkte dieses entsetzliche Ding, diesen entsetzlich langen unbekannten Seeaal, der plötzlich von oben herabgekommen war.

Was ist das für ein Ding? Ja, wir wissen es! Es war das große, meilenlange Telegrafenkabel, das die Menschen zwischen Europa und Amerika legten.

Das war ein Entsetzen, das war ein Leben unter den rechtmäßigen Bewohnern des Meeres, wo das Kabel sich senkte. Die fliegenden Fische nahmen ihren Weg über die Meeresoberfläche, so hoch sie konnten; der Knurrhahn flog einen ganzen Büchsenschuss über das Wasser hinaus, denn er kann es. Andere Fische suchten den Meeresgrund; sie fuhren mit solcher Schnelligkeit hinab, dass sie dort weit früher ankamen, als man den Telegrafendraht bemerkte. Sie scheuchten den Kabeljau und die Flunder auf, die friedlich in der Tiefe des Meeres gingen und ihre Mitgeschöpfe fraßen. Ein Paar Seegurken wurden so erschreckt, dass sie ihre Nahrung ausspuckten, aber sie blieben am Leben, denn sie können es. Viele Hummer und Taschenkrebse verloren ihre Panzer und mussten ihre Beine zurücklassen.

In all dem Schrecken und der Verwirrung kamen die achtzehnhundert Geschwister auseinander, und sie trafen sich nicht wieder oder kannten sich wenigstens nicht. Nur ein halbes Stieg blieb beisammen, und nachdem sie sich ein paar Stunden ruhig verhalten hatten, verwanden sie den ersten Schrecken und fingen an neugierig zu werden.

Sie sahen sich um, sie sahen nach oben und nach unten, und dort in der Tiefe glaubten sie das entsetzliche Ding zu erblicken, das sie erschreckt, Groß und Klein erschreckt hatte. Das Ding lag auf dem Meeresgrund, so weit sie sehen konnten. Etwas dünn war es, aber sie wussten ja nicht, wie dick es sich machen konnte oder wie stark es war. Es lag ganz still, aber es konnte Tücke sein.

»Lass es liegen, wo es liegt, es geht uns nichts an!«, sagten die Vorsichtigsten der kleinen Fische. Aber die Allerkleinsten wollten nicht aufgeben nachzuforschen, was das Ding sein könnte. Von oben war es gekommen, oben musste man sich also am besten Bescheid holen, und deshalb schwammen sie zur Oberfläche des Meeres hinauf, die spiegelglatt dalag. Dort trafen sie einen Delphin, der der Springinsfeld, der Vagabund des Meeres ist und auf der Meeresfläche Purzelbäume schlagen kann. Augen zu sehen hatte er; daher musste er das Ding gesehen haben und Bescheid wissen. Sie befragten ihn, aber er hatte nur an sich und seine Purzelbäume gedacht und nichts gesehen. So wusste er nicht zu antworten, und er schwieg und sah stolz aus.

Darauf wandten sie sich an den Seehund, der gerade untertauchte. Er war höflicher, trotzdem er kleine Fische frisst; aber augenblicklich war er satt. Er wusste etwas mehr als der Springfisch.

»Ich habe manche Nacht auf einem nassen Stein gelegen und nach dem Lande gesehen, meilenweit umher. Es sind tückische Geschöpfe, die in ihrer Sprache Menschen genannt werden; sie stellen uns nach, aber oft entkommen wir ihnen doch. Ich habe es verstanden, und der Seeaal, nach dem ihr fragt, hat es ebenfalls verstanden. Er ist in ihrer Macht gewesen, droben auf dem festen Lande gewesen, seit undenklichen Zeiten. Von dort haben sie ihn auf ein Schiff geführt, um ihn über das Meer nach einem fernliegenden Lande zu bringen. Ich sah, welche Mühe sie hatten, aber sie meisterten ihn; er war matt auf dem Lande geworden. Sie legten ihn wie ein Schiffstau zusammen; ich hörte, wie es klang und klirrte. Sie legten ihn zusammen, aber er entschlüpfte ihnen doch, entkam ins Meer. Sie hielten ihn mit allen Kräften; viele Hände hielten ihn fest, aber er entkam doch und erreichte den Meeresgrund. Dort bleibt er, wie ich denke, bis auf Weiteres.«

»Er ist sehr dünn«, sagten die Fische.

»Sie haben ihn hungern lassen«, sagte der Seehund, »aber er erholt sich bald, erhält bald seine alte Dicke und Größe. Ich nehme an, dass es die große Seeschlange ist, welche die Menschen so fürchten und von welcher sie so viel reden. Ich habe sie vorher niemals gesehen und niemals an sie geglaubt. Doch nun glaube ich an sie«, und damit tauchte der Seehund unter.

»Wie viel er wusste! Wie viel er sprach«, sagten die kleinen Fische. »Das habe ich früher nicht gewusst – Wenn es nur keine Lügen sind.«

»Wir können ja hinabschwimmen und es untersuchen«, sagte der Kleinste, »auf dem Weg dahin hören wir dann die Meinung anderer.«

»Ich tue in dieser Sache auch nicht einen Schlag mit meinen Flossen mehr«, sagten die anderen und kehrten sich ab.

»Aber ich tue es«, sagte der Kleinste, und er steuerte in das tiefe Wasser hinab. Aber er war weit von der Stelle entfernt, wo das lange sinkende Ding lag. Der kleine Fisch sah und suchte nach allen Seiten gegen die Tiefe hinab.

Niemals vorher hatte er seine Welt für so groß gehalten. Die Heringe schwammen in großen Scharen und schimmerten wie ein silbernes Kriegsschiff. Die Makrelen folgten ihnen nach und sahen noch prächtiger aus. Es kamen Fische in allen Gestalten und mit Zeichnungen in allen Farben. Quallen wie halb durchsichtige Blumen ließen sich von der Strömung tragen und führen. Große Pflanzen wuchsen aus dem Meeresgrund empor, klafterhohes Gras und palmenartige Bäume, jedes Blatt mit schimmernden Schaltieren besetzt.

Endlich erblickte der kleine Seefisch einen langen, dunklen Streifen und steuerte auf ihn zu. Aber es war weder Fisch noch Kabel; es war die Reling eines großen untergegangenen Schiffes, dessen oberstes und unterstes Deck durch den Druck des Meeres geborsten war. Der kleine Fisch schwamm in den Rumpf hinein, wo viele Menschen umgekommen waren, als das Schiff sank. Nun waren sie bis auf zwei fortgespült, bis auf ein junges Weib mit einem kleinen Kind im Arm. Das Wasser hob und wiegte sie; sie schienen zu schlafen. Der kleine Fisch war ganz erschrocken, denn er wusste nicht, dass sie niemals wieder erwachen konnten. Wasserpflanzen hingen wie Laubwerk über die Reling herab, über die beiden schönen Leichen, über Mutter und Kind. Es war so still; es war so einsam. Der kleine Fisch beeilte sich, so schnell als möglich fortzukommen, dorthin, wo das Wasser klarer leuchtete und Fische zu sehen waren. Er war noch nicht weit gekommen, als er einen jungen Walfisch, gar schreckhaft groß, traf.

»Verschluck mich nicht«, sagte der kleine Fisch. »Ich bin nicht einmal ein Mundvoll, so klein bin ich, und es ist so angenehm zu leben.«

»Was willst du denn so tief hier unten, wohin deine Art sonst nicht kommt?«, fragte der Walfisch. Und dann erzählte der kleine Fisch von dem langen, seltsamen Aal, oder was das Ding sonst ist, der sich von oben herabgesenkt und selbst die allermutigsten Meeresgeschöpfe erschreckt hätte.

»Ho! ho!«, sagte der Walfisch und zog gewaltig viel Wasser ein, dass es einen mächtigen Wasserstrahl geben musste, wenn er hinaufkam und Luft holte. »Ho! ho!«, sagte er, »so war es das Ding, welches mich auf dem Rücken kitzelte, als ich mich umdrehte. Ich glaubte, es wäre ein Schiffsmast, den ich als Zahnstocher gebrauchen könnte. Aber hier an dieser Stelle war es nicht. Nein, viel weiter hinaus liegt das Ding. Ich will es doch untersuchen; ich habe nichts anderes vor!«

Und damit schwamm er von dannen, und der kleine Fisch schwamm hinterher, aber nicht zu nahe, denn bei der großen Eile ging es zu beiden Seiten des Walfisches wie ein reißender Strom.

Sie trafen einen Haifisch und einen alten Sägefisch. Die beiden hatten auch von dem seltsamen Seeaal gehört, der so lang und so dünn war. Gesehen hatten sie ihn noch nicht, aber sie wollten ihn sehen. Ein Katzenhai kam auch noch hinzu.

»Ich gehe mit«, sagte er, »ich habe denselben Weg.«

»Ist die große Seeschlange nicht dicker als ein Ankertau, so will ich sie mit einem Biss durchbeißen«, sagte er. Er öffnete sein Maul und zeigte sechs Reihen Zähne. »Ich kann Löcher in einen Schiffsanker beißen, da kann ich wohl auch diesen Stängel zerbeißen.«

»Da ist er«, sagte der große Walfisch, »ich sehe ihn.« Er glaubte, er sähe besser als die andern. »Seht, wie es sich hebt, wie es schwankt, sich krümmt und windet.«

Es war aber nicht das Kabel, sondern ein ungemein großer Seeaal, mehrere Ellen lang, dem sie sich näherten.

»Den habe ich schon früher gesehen«, sagte der Sägehai, »er hat niemals große Unruhe im Meer verursacht oder einen großen Fisch erschreckt.«

Und dann sprachen sie zu ihm von dem neuen Aal und fragten, ob er mit auf Entdeckung aus wollte.

»Ist der Aal länger als ich«, sagte der Seeaal, »so gibt es ein Unglück.«

»Das soll es«, sagten die andern. »Wir sind unser genug, um ihn nicht zu dulden«, und damit eilten sie vorwärts.

Aber bald kam ihnen wieder etwas in den Weg, ein wunderliches Ungeheuer, größer als sie alle zusammen. Es sah wie eine schwimmende Insel aus, die sich nicht über Wasser hatte halten können.

Es war ein uralter Walfisch. Sein Haupt war mit Meerespflanzen bewachsen, sein Rücken mit Weichtieren besetzt und mit einer Unmenge von Austern und Muscheln, dass die schwarze Haut über und über weißfleckig erschien.

»Komm mit, Alter«, sagten sie. »Ein neuer Fisch ist angekommen, den wir nicht dulden wollen.«

»Ich bleibe lieber liegen, wo ich liege«, sagte der alte Walfisch. »Lasst mich in Ruhe! Lasst mich liegen! Ach ja! ach ja! Ich habe schwer an meiner Krankheit zu tragen! Linderung habe ich nur, wenn ich zur Meeresoberfläche aufsteige und den Rücken herausstrecke. Dann kommen die großen, schönen Seevögel und zupfen mich. Das tut wohl, wenn sie den Schnabel nur nicht zu tief hineinhacken; er dringt häufig in meinen Speck hinein. Seht einmal her! Ein ganzes Vogelgerippe sitzt mir noch auf dem Rücken. Der Vogel schlug seine Fänge zu tief und konnte nicht wieder loskommen, als ich auf den Grund ging. Nun haben die kleinen Fische ihn zerzaust. Seht, wie er aussieht, wie ich aussehe! Ich bin krank!«

»Nichts als Einbildung«, sagte der Walfisch. »Ich bin niemals krank. Kein Fisch ist krank.«

»Du Unschuld«, sagte der alte Walfisch. »Der Aal hat Hautkrankheit, der Karpfen soll die Blattern haben, und alle haben wir Eingeweidewürmer.«

»Geschwätz!«, sagte der Hai, er mochte nicht mehr hören; die andern auch nicht, sie hatten ja auf anderes zu achten.

Endlich kamen sie an die Stelle, wo das Kabel lag. Sein Bett auf dem Meeresgrund war lang, von Europa nach Amerika; es erstreckte sich über Sandbänke und Schlammboden, über Felsgrund und Pflanzenwildnisse, über ganze Korallenwälder, wo Strömungen wechselten, Wasserwirbel kreisten und Fische wimmelten in größeren Schwärmen als die zahllosen Vogelscharen, die die Menschen in den Wanderzeiten sehen. Das ist eine Unruhe, ein Platschen, ein Summen und ein Sausen. Das Sausen spukt noch ein wenig in den großen leeren Seemuscheln, wenn wir sie an unser Ohr halten.

Nun kamen sie an Ort und Stelle.

»Da liegt das Tier«, sagten die großen Fische, und die kleinen sagten es auch. Sie sahen das Kabel, dessen Anfang und Ende sich ihrem Gesichtskreis entzog.

Schwämme, Polypen und Seeanemonen schwankten auf dem Grund, senkten und neigten sich über ihn, sodass er bald verborgen, bald zu sehen war. Seepferdchen, Schnecken und Würmer bewegten sich ringsumher; riesenhafte Spinnen, die eine ganze Besatzung von kleinen Tieren trugen, stolzierten über ihn hin. Dunkelblaue Seegurken, oder wie das Getier sonst heißt, das mit dem ganzen Körper isst, lagen gleichfalls und witterten nach dem neuen Tier hinüber, das sich auf den Meeresgrund gelegt hatte. Flunder und Kabeljau drehten sich im Wasser, um nach allen Seiten zu hören. Seenadeln, die sich stets in die Tiefe hinabbohren und nur aus langen Stielen mit Augen bestehen, lagen dort und freuten sich, zu erfahren, was wohl bei dieser Unruhe herauskäme.

Das Kabel lag ohne Bewegung. Aber Leben und Gedanken waren in ihm; Menschengedanken gingen durch ihn.

»Das Ding ist tückisch«, sagte der Walfisch. »Es ist imstande, mich auf den Bauch zu schlagen, und das ist meine schwache Seite.«

»Lasst mich vorher nachfühlen«, sagte der Polyp. »Ich habe

lange Arme, ich habe geschmeidige Finger. Ich habe ihn schon berührt, nun will ich fest zufassen.«

Und er streckte die langen geschmeidigen Arme nach dem Kabel und umfasste es. »Es hat keine Schuppen, keine Haut«, sagte der Polyp. »Ich glaube, es bringt niemals lebendige Junge zur Welt.«

Der Seeaal legte sich neben das Kabel und machte sich so lang als er konnte.

»Das Ding ist länger als ich«, sagte er, »aber die Länge tut es nicht; man muss auch Haut, Magen und Geschmeidigkeit haben.«

Der Walfisch, der junge, starke Wal, neigte sich zu ihm, tiefer als er es jemals getan hatte.

»Bist du ein Fisch oder eine Pflanze?«, fragte er. »Oder bist du nur Oberflächenwerk, das hier unten bei uns nicht gedeiht?«

Aber der Telegrafendraht antwortete nicht; er war nichts Derartiges. Gedanken gingen durch ihn, Menschengedanken; sie ertönten in einer Sekunde viele hundert Meilen von Land zu Land.

»Willst du antworten oder willst du zerbrochen werden?«, fragte der raubgierige Hai, und alle anderen großen Fische fragten ihn dasselbe: »Willst du antworten oder willst du zerbrochen werden?«

Das Kabel rührte sich nicht; es hatte einen besonderen Gedanken, und das kann schon sein, wenn man mit Gedanken gefüllt ist. »Lasst sie mich nur zerbrechen, dann holt man mich wieder herauf und setzt mich instand. Es ist bei anderen meiner Art geschehen, und die lagen in geringerem Fahrwasser.«

Es antwortete deshalb nicht; es hatte anderes zu bestellen, Depeschen, und lag in löblichem Amte auf dem Meeresgrund.

Oben ging die Sonne unter, wie die Menschen es nennen; der Himmel war wie in Feuer getaucht, und alle Wolken des Himmels leuchteten wie Feuer, die eine prächtiger als die andere.

»Nun erhalten wir rote Beleuchtung«, sagten die Polypen, »dann ist das Ding besser zu sehen, und das ist notwendig.«

»Auf ihn! Auf ihn!«, rief die Seekatze und zeigte alle ihre Zähne.

Sie stürzten vor, der Katzenhai voran. Aber gerade als er in das Kabel beißen wollte, jagte der Sägefisch in blindem Eifer seine Säge in das Hinterteil des Katzenhais. Es war ein grober Irrtum, und die Katze war für den Biss zu schwach geworden.

Das gab ein Getümmel unten im Schlamm. Große Fische und kleine Fische, Seegurken und Muscheln liefen gegeneinander, fraßen sich, zermalmten und erdrückten sich. Das Kabel lag still und verrichtete seine Geschäfte, und das soll man.

Die dunkle Nacht brütete oben, aber Milliarden und Abermilliarden kleiner Meerestiere leuchteten. Krebse, kaum so groß wie ein Stecknadelkopf, leuchteten. Das ist ganz wunderbar, aber es ist so.

Die Tiere des Meeres sahen das Kabel.

»Was ist es und was ist es nicht?«

Ja, das war die Frage.

Da kam eine alte Seekuh. Menschen nennen sie Meerweib oder Meermann. Es war eine Sie, hatte einen Schwanz und zwei kurze Arme zum Planschen, hängende Brüste und Tang und Schmarotzertiere auf dem Kopf, und darauf war sie stolz.

»Wollt ihr Aufklärung haben«, sagte sie, »so bin ich wohl die einzige, die sie geben kann. Aber dafür verlange ich, dass ich und die Meinen ungefährdet auf dem Meeresgrund weiden können. Ich bin ein Fisch wie ihr, und ich bin auch durch Übung ein Kriechtier. Ich bin die Kiügste im Meer, ich weiß alles, was sich hier unten regt, und alles, was dort oben ist. Das Ding da, über das ihr grübelt, kommt von oben, und was von dort herabfällt, ist tot oder wird kraftlos und stirbt. Lasst es liegen, was es auch ist. Es ist nur menschliche Erfindung.«

»Ich glaube, dass etwas mehr an ihm ist«, sagte der kleine Seefisch.

»Halt's Maul, Makrele«, sagte die große Seekuh.

»Stichling!«, sagten die andern, und das war noch kränkender.

Und die Seekuh erklärte ihnen, dass das ganze Tier der Unruhe und des Schreckens, das übrigens nicht einen Mucks sagte, nur Erfindung des trockenen Landes wäre. Und sie hielt ihnen einen kleinen Vortrag über die Arglist der Menschen.

»Sie wollen uns nur fangen«, sagte sie, »das ist das einzige, wozu sie leben. Sie spannen Netze aus, kommen mit Angelhaken und Köder, um uns zu locken. Das Ding hier ist nur eine Art große Angelschnur, an die wir anbeißen sollen. Sie sind so dumm! Wir sind es nicht! Rührt nur nicht das Machwerk an; es wird sich in Fasern auflösen und ganz zu Schlamm und Staub werden. Was von oben kommt, trägt schon einen Knacks in sich, taugt nichts.«

»Taugt nichts!«, sagten alle Meeresgeschöpfe und hielten sich an die Meinung der Seekuh, um überhaupt eine Meinung zu haben.

Der kleine Seefisch behielt seine Gedanken für sich. »Die ungemein dünne, lange Schlange ist vielleicht der wunderbarste Fisch im Meer. Ich vermute es.«

»Das Wunderbarste!«, sagen wir Menschen auch, und sagen es mit Wissen und Überzeugung.

Die große Seeschlange ist es, die längst durch Sage und Lied vorausverkündigt ist.

Sie ist aus dem Geist des Menschen geboren und entsprungen und auf den Grund des Meeres gelegt. Sie erstreckt sich von den Ländern des Ostens nach den Ländern des Westens und trägt dahin Botschaft so schnell wie die Lichtstrahlen von der Sonne zur Erde gelangen. Sie wächst, wächst an Kraft und Ausdehnung, wächst Jahr für Jahr durch alle Meere, rings um die Erde, unter tosendem Wasser und spiegelblankem Wasser, wo die Schiffer in die Tiefe sehen, als segelten sie durch die durchsichtige Luft, wo sie wimmelnde Fische, ein ganzes Farbenfeuerwerk sehen.

Tief unten erstreckt sich die Schlange, eine gesegnete Midgardschlange, die sich in den Schwanz beißt, indem sie die Erde umschließt. Fische und Kriechtiere rennen mit der Stirn gegen sie, sie verstehen das Ding von oben nicht. Der Menschheit gedankenerfüllte, in allen Sprachen redende und doch lautlose Botschaftsschlange des Guten und des Bösen, das Wunderbarste der Meereswunder: Die große Seeschlange unserer Zeit.

Reinhold Fuchs

Insel-Idyll
(Amrum)

Versinken wird dies Eiland einst im Meere;
Wo jetzt des Dörfchens traute Dächer ragen,
Da werden grüne Wogenberge jagen
Und krächzend flattern scheue Möwenheere.

Wohin ich spähend auch die Blicke kehre,
Seh ich die Flut am Wall der Dünen nagen.
»Vergänglichkeit!«, so tönt des Windes Klagen; –
Zu gut nur kennst du, Herz, die trübe Lehre.

Doch jubelnd singt die Lerche hoch in Lüften,
Und freundlich schickt vom Friedhofswall die Rose
Ins Fenster eine Fülle mir von Düften.

Am Brunnen fasst Lars Knudsen, der Matrose,
Sein blondes Liebchen lachend um die Hüften; –
O stille Welt, o glücklich-ahnungslose!

Reinhold Fuchs

Auf der Hallig

Ein Grasfeld, fußhoch ob der Flut erhaben;
Zehn dürft'ge Hütten, strohgedeckt und grau,
Geschart um eines Kirchleins morschen Bau;
Hier, dort ein Siel, vom Meere selbst gegraben;

Ein Möwenschwarm; ein einsam Paar von Raben,
Den Strand umflatternd auf der Beuteschau;
Des Seewinds rastlos Pfeifen, schrill und rau;
Kein Baum, kein Busch, mit Schatten dich zu laben:

Das ist die Hallig. – Nüchtern, öd und hässlich
Scheint sie des Weltkinds wechselndem Verlangen,
Doch ernsten Seelen bleibt sie unvergesslich.

Hier fühlt das Herz, verlernend Lust und Bangen,
Sich weiten gleich der Meerflut unermesslich,
Vom Ewig-Einen traumhaft still umfangen.

Ernst Willkomm

Eine Sturmnacht auf Hallig Hooge

Auf den Halligen beobachtete man das rasche Umspringen des Windes und die gleichzeitig eintretende Veränderung der Luft nicht ohne Besorgnis. Vielfache Erfahrungen lehrten, dass stürmisches Wetter in solcher Jahreszeit alle Berechnungen der Vorsicht zuschanden macht. Die Zeit des Vollmondes führt jedes Mal ein höheres Anschwellen der Flut herbei, jene rätselhafte Erscheinung, welche die Küstenbewohner Springflut nennen. Gesellt sich dann noch ein Sturm von längerer Dauer hinzu, so erreicht das Meer oft eine unglaubliche Höhe und schlägt mit verzehnfachter Gewalt gegen alle von Menschenhand zum Schutz gegen die Verwüstungen empörter Wogen aufgeführten Bollwerke.

Nicol Mannis hatte eine Wetterveränderung erwartet, dennoch aber überraschte auch ihn der so frühe Eintritt derselben. Er beobachtete von seiner Warft aus mit großem Interesse die Verwandlungen in der Atmosphäre. Alle Zeichen verkündigten einen heftigen Sturm. Dies veranlasste ihn, sein Haus zu ordnen und gewissermaßen in Verteidigungsstand zu setzen. Alle Sachen von Wert, seltene Kostbarkeiten, die er sich während seiner Seefahrten unter fremden Völkern auf der andern Erdhälfte erworben hatte, wurden auf den Boden des Hauses geschafft und hier in starke Kisten verpackt, die mit Eisenklammern an die gewaltigen Balken befestigt waren, welche die eigentlichen Grundpfeiler des Hauses bilden, da sie durch die Erdmasse der Warft in den Grund der Hallig gleichsam festgenagelt sind. Einmal schon hatte der alte Kapitän es erlebt, dass die Warft fast ganz von den Wogen zerschlagen wurde und von dem Hause, das auf ihr ruhte, nur der Dachraum übrig blieb.

Frau Ellen, seine Tochter Karen und die zwei jungen Mädchen vom Festlande, ihre weitläufigen Verwandten, waren dem vorsichtigen Manne dabei eifrig zur Hand. Den Fremden machte dies Schaffen und Sorgen sogar Vergnügen. Sie bekamen dabei das Heiratsgut Karens, einen Schatz ausgezeichneter Leinewand, zu sehen und konnten dasselbe mit ihrer eigenen dereinstigen Aussteuer vergleichen, die, nach friesischer Sitte schon längst in schön gemalten Koffern wohl verpackt, in ihren Kammern stand. Vor einer wirklichen Gefahr, die augenblicklich noch nirgends zu bemerken war, bangte den fröhlichen Kindern nicht. Die ernste Miene Nicols nahmen sie für allzu große Bedenklichkeit des Alters. Erst nachdem alles geordnet und auch die Bänder der beweglichen Treppe, welche aus dem Hausflur nach dem Boden geleitete, gelockert worden waren, brach Mannis sein bisher beobachtetes Schweigen.

»In wenigen Stunden schon wird die Flut das Eis brechen«, sprach er. »Dann treibt es der Sturm über die Halligen und wirft es an unsere Warften, dass alle Nägel im ganzen Hause zittern. Mir ist's nur lieb, dass der Sturm vor dem Vollmonde rast, das schützt uns wenigstens vor einer Sturmspringflut.«

Mannis ließ nun seine weiblichen Hausgenossen gewähren. Er verwandte kein Auge mehr von dem immer dunkler sich färbenden Himmel. Das ruhelose Hin- und Herfliegen der Windfahne war sein zweites Augenmerk. Die Unruhe gefiel ihm nicht. Er schüttelte wiederholt den Kopf und sah durchs Fernrohr. Es war jedoch wenig, in größerer Ferne gar nichts zu erkennen. Der bereits heftig wehende Nordwind trieb Schnee und Eisnebel vor sich her und hüllte alles in trübe, kalte Schleier.

Von seinen Söhnen und ihren Begleitern sprach Nicol nicht. Ellen nur erwähnte ihrer, als sie Licht anzündete und das Gekrach des Eises sich bereits mit dem Pfeifen des Nordweststurmes mischte. Oft klang es, als rolle der Widerhall eines Kanonenschusses von dem brüllenden Meere herein.

»Die sind geborgen«, versetzte er mit Zuversicht. »Sie werden auf Föhr oder Amrum, wo sie nun eben sein mögen, ganz ruhig das Unwetter abwarten. Es ist aber leicht möglich, dass sie viel später zurückkommen, als sie ursprünglich beabsichtigten. Denn wenn starkes Tauwetter eintritt und alles rund um die Inseln von Sturm und Flut zertrümmert wird, ist die Binnensee kaum vor ein paar Wochen in einem starken Boote zu befahren. Werdet euch also ein paar Tage länger bei mir gedulden müssen.«

Den Mädchen leuchtete dies ein. Sie blieben heiter und gesprächig, und die Windstöße, welche wiederholt an den Wänden des Hauses rüttelten, beunruhigten sie ebenso wenig als das Dröhnen berstender Schollen und der Schwall der Wogen, der schon ein paar Stunden nach Sonnenuntergang den Fuß der Warft umspülte und eine Mauer dicken Eises um sie aufhäufte.

Zu gewohnter Stunde begaben sich alle zur Ruhe. Nicol Mannis aber konnte nicht schlafen. Die Warft und das Haus zitterten unter den Umarmungen des Sturmes und den Flutwogen der See, als bebe fortwährend die Erde. Das entsetzliche Krachen nahm gar kein Ende, es wurde eher von Stunde zu Stunde heftiger. Hagel und Regen schlugen prasselnd an die Fensterladen, und durch alle, auch die feinsten Ritzen rieselte Wasser. Verstummte auf Augenblicke das Heulen des Sturmes, dann klang noch viel schauerlicher das Gebrüll der See durch die wüste Nacht.

Mit geschlossenen Augen lag Nicol auf seinem Lager. Die weißen Vorhänge waren zugezogen, und ohne die Aufregung in der Natur würde der bejahrte Seemann sich so sicher geglaubt haben wie der Städter in seiner rings umschlossenen, von unübersteiglichen Mauern umgebenen Wohnung.

Es kam ihm vor, als funkele dann und wann etwas Helles vor seinen Augen. Öffnete er dann die schweren Lider, so sah er nichts als den dämmernden Schimmer der Vollmondsnacht, die durch die Ritzen der Böden brach. Indes wiederholte sich dies zuckende Aufflammen mehrmals, der Sturm wuchs, alle Balken im Hause ächzten. Nicol stand auf, kleidete sich schnell an und versuchte die äußere Tür zu öffnen.

Ein Strom weicher, fast warmer Luft wehte ihm entgegen. Der Wind war ganz nach Westen gelaufen und trieb jetzt berghohe Wogen gegen die Inseln und Küsten, auf deren rollenden Kämmen weiße Eisblöcke wie Marmorsteine blinkten.

Im Zenit schimmerten die Sterne, um den Mond standen Wolkenmassen von Silber umsäumt, die sein Licht beträchtlich abdämpften. Gegen Westen türmten sich schwarze Wetterwolken empor, aus deren Schoße oft grellrote Blitze brachen und als feurige Schlangen in die schäumenden Wellen untertauchten. Ob diese Blitze von Donnerschlägen begleitet waren, ließ sich nicht unterscheiden, da Wind, Flut und zerberstendes Eis ein fortwährendes Donnern und heulendes Sausen erzeugten.

Noch hatte der Sturm nicht seine größte Höhe erreicht, dem alten Seemann aber sagte die Richtung, aus der er wehte, dass er sich bald legen werde. Umlaufende Stürme pflegen nicht von langer Dauer zu sein.

Nicol suchte eine Stelle zu gewinnen, wo die Windsbraut ihn nicht zu sehr beunruhigte. Hier hielt er sich fest und ließ seine noch scharfen Augen, die des Nachts fast ebenso gut sahen wie am Tage, über das wild schäumende Meer mit seinem Chaos zerborstener und fortwährend donnernd gegeneinanderprasselnder Eisschollen schweifen.

Auf allen nicht zu fern gelegenen Warften bemerkte er Licht, ein Zeichen, dass ihre Bewohner sich weniger sicher wähnten als er selbst mit seinen Angehörigen. Der Windmühle, unfern der Kirche, hatte der Sturm ein paar Flügel geraubt, auch schien es ihm, als sei das Dach auf Eike Woegens Warft stark beschädigt.

Gern wäre er dem Nachbar, der ganz allein mit einer schwächlichen Tochter in seinem Hause lebte, zu Hilfe geeilt. Das war jedoch vorläufig unmöglich; denn nicht nur brauste das Meer sechs bis sieben Fuß hoch über die Hallig fort, es rollten auf den grauschwarzen Wogen auch noch zahllose Schollen schweren kantigen Eises, die selbst das stärkste Fahrzeug wie Glas zermalmt haben würden.

So stand Nicol Mannis lange. Erst als er die Gewissheit erlangt hatte, dass sein Besitztum diesmal nicht gefährdet werde, zog er sich wieder zurück in den Schutz des Hauses. Das Gewitter näherte sich nicht. Es strich unter außerordentlich heftigem Wetterleuchten mit dem Winde mehr südwestwärts.

In der dritten Morgenstunde brach der Mond in hellem Glanze durch das Gewölk. Die Luft ward bald darauf stiller, und als Nicol zum zweiten Male in dieser Nacht sein Lager aufsuchte, hörte er an dem gleichmäßigen Rauschen der Wogen und dem monotonen Anschlage derselben gegen den festen Hügel der Warft, dass die Gefahr vollständig vorüber sei.

Friedrich Spielhagen

Ein Fensterplatz auf Ischia

In meinen neapolitanischen Erinnerungen spielt die Balkonfenstertür unseres Salons in dem lieben Albergo d'Inghilterra eine der hervorragendsten Rollen. Oft und oft ertappe ich meine Seele, wie sie sich, in ein Schattenbild meiner selbst gehüllt, auf einem der grünsamtenen Fauteuils in der unmittelbaren Nähe dieser Fenstertür niederlässt und bald mit bewaffneten, bald mit unbewaffneten Augen, bald eifrig, bald träumerisch, bald viel, bald wenig, bald gar nichts denkend, von da oben hinab- und hinausschaut. Ich kann es meiner Seele nicht verargen; es gibt verhältnismäßig wohl wenig Fenster auf dieser fensterreichen Erde, aus denen so vieles zu sehen wäre, so vieles, das noch in der Erinnerung einen freundlichen Schimmer in eine trübe Stunde werfen kann und das schwärmerische Wort des Vater Goethe: »der könne im Leben nie wieder ganz unglücklich werden, wer einmal Neapel gesehen«, zur Wahrheit zu machen scheint.

Nie werde ich des ersten Abends vergessen, als wir, dem entsetzlichen Hotel de G. entronnen, uns nun unsers »frisch erkämpften« Asyls wahrhaft freuen konnten. Der stürmische Regen des Tages war am Nachmittag schwächer geworden und hatte gegen Abend ganz aufgehört. Wir hatten mitten im Lärm und Gedränge der Stadt des Umschwungs, welcher in der Natur vor sich gegangen, kaum geachtet, und so traf uns denn, als wir, nach Hause und auf unser Zimmer gekommen, an das Fenster traten, die volle Kraft des Zaubers, der sich vor uns entfaltete. Auf der Chiaja unmittelbar unter uns rollten nur noch einzelne Wagen; aber in dem Garten der Villa Nazionale, der sich schmal und lang zwischen der Chiaja und dem Meere hinzieht, promenierten im Schein der Gaslichter, die hell durch das Frühlingsgrün der Bäume und Büsche strahlten, zahlreiche Menschen, sich des stillen Abends freuend, der allen als ein unerwartetes Geschenk kam. Und unzählige Lichter blinkten nach rechts, wo die Chiaja in die Riviera di Chiaja sich fortsetzt und die Riviera mit einer kühnen Kurve sich in die Mergellina herumschwingt, die dann in die hohe Uferstraße übergeht, welche bis zum Posilipp und weiter führt. – Und Lichter blinkten nach links, wo sich der Bogen flacher bis zum Castell dell Ovo hinzieht, das finster drohend seine gewaltige Steinmasse weit in das Meer hineinschiebt und den andern Teil der Stadt unsern Blicken verdeckte, sodass erst wieder aus weiter Ferne vereinzelte und schwächere Lichter von der Sorrentiner Küste zu uns herüberschimmerten. Das Meer, das von dem schweren Regen niedergehalten war, wallte in weiten weichen Schwingungen. Wir konnten das langsame Heben und Sinken deutlich bemerken in dem düsterroten Schein der Fackeln, die auf einigen Booten brannten, welche, von der Mergellina kommend, von rechts nach links quer über den weiten dunkel blinkenden Spiegel nach der Richtung des Castell dell Ovo fuhren.

Und jetzt nahm mit jedem Moment eine Helligkeit zu, die seit einiger Zeit hinter dem Castell am Himmel aufgedämmert war; immer schärfer hoben sich die finstern Massen von dem sanft leuchtenden Hintergrunde ab: die Türme, die krenelierten Mauern, und durchsichtiger die Kuppen großer Bäume, die da irgendwo wachsen mussten und jetzt plötzlich sichtbar wurden; und nun glänzte es machtvoll hinter dem alten Gemäuer auf, dessen bisher so scharfe Ränder vor dem Glanz wegzuschmelzen schienen, und ein paar Augenblicke später schwebte der volle Mond in stiller Majestät hervor und goss sein mildes Licht über Himmel, Erd' und Meer.

Und als ich mitten in der Nacht erwache und für einen Moment an das Fenster trete, schwebt er am westlichen Himmel, wie vorhin am östlichen. Er ist kleiner und glänzender geworden und hat alle Lichter auf Erden und auch fast alle Himmelslichter ausgelöscht und die leise wallende Meeresfläche funkelt und glitzert in seinem Schein, wie sie gefunkelt und geglitzert hat vor den schlummerlosen Augen des Odysseus, während die Gefährten, in die Schiffermäntel gehüllt, am hallenden Strande den Schlaf der Gerechten der heiligen Morgenfrühe entgegenschliefen.

Und dann wieder der helle Morgen, wenn der ganze Uferbogen vom Posilipp bis zum Castell mit Fels und Baum und Busch, Ruinen und Häusern, Molen und Hafenmauern, in allen Bizarrerien der Formen und Farben sich zu uns her, an uns vorüber weiter schwingt, und auf dem blauen Meer die Fischerboote kreuzen, und wir jetzt den Dampfer beobachten, der, von Genua oder Marseille kommend, auf der Höhe von Ischia sichtbar wird, und jenen anderen, der nach Sizilien oder der Levante gehend, auf die breite Lücke zwischen Kap Minerva und Capri zuhält; und jetzt unsere Blicke aus der Ferne zur Nähe zurückkehren, angelockt durch eine eigentümliche Erscheinung auf dem Wasser zwischen den Fischerbooten, die bereits eine ziemliche Strecke vom Ufer sind, und dem Ufer selbst: das plötzliche Sichherausheben einer dunkleren und doch feuchtglänzenden Masse, die sich eine kurze Strecke auf der Oberfläche fortzuschnellen scheint, und dann wieder verschwindet, um an einer anderen Stelle und jetzt an mehreren Stellen zugleich aufzutauchen und aus der wir anfangs nichts zu machen wissen, bis ich in einer plötzlichen Inspiration die geniale Entdeckung mache, dass es spielende Fische, ja! und heiliger Arion! – dass es Delphine sind!

George Sand

Ein Winter auf Mallorca

Schon oft hatte ich das Meer von der Nordseite des Klosters her betrachtet, und als unser Kranker sich eines Tages so stabil zeigte, dass er zwei, drei Stunden allein bleiben konnte, machte ich mich mit meinen Kindern auf, die Küste von dieser Seite näher anzusehen. Bisher hatte es mich nicht interessiert, aber meine Kinder, die wie kleine Gämsen hin und her liefen, versicherten mir, es sei der schönste Platz auf Erden. …

Ich sagte bereits, dass sich dort, wo die Kartause steht, die Bergkette öffnet und sich eine leicht ansteigende Ebene in zwei Armen zum Meer hin erstreckt. Doch beim täglichen Hinausschauen aufs Meer, das sich am Horizont oberhalb dieser Ebene erhebt, erlagen mein Blick und meine Wahrnehmung einem seltsamen Irrtum: Anstatt zu erkennen, dass die Ebene anstieg, bis sie recht nah bei uns abrupt abfiel, bildete ich mir ein, sie würde sich als sanfter Abhang bis zum Meer erstrecken und dass die Küste nicht mehr als fünf oder sechs Meilen entfernt war. Wie sollte ich wissen, dass dieses Meer, das mir auf einer Höhe mit der Kartause zu liegen schien, in Wahrheit zwei- bis dreitausend Fuß weiter unten lag? Ich wunderte mich manchmal, dass es trotz der von mir angenommenen Entfernung so laut war, ich war mir über dieses Phänomen nicht im Klaren, und ich weiß nicht, warum ich es mir manchmal herausnehme, über die Pariser zu lästern, war ich doch selbst mehr als einfältig in meinen Vermutungen. Ich sah nicht, dass dieser Meereshorizont, an dem sich mein Blick weidete, fünfzehn oder zwanzig Meilen von der Küste entfernt war, während das Meer, das sich an der Insel brach, nur eine halbe Stunde Wegstrecke entfernt von der Kartause lag. Wenn also meine Kinder mich drängten, zum Meer zu gehen, es seien doch nur zwei Schritte bis dorthin, hatte ich nie die Zeit dafür, da ich glaubte, es wären zwei Kinderschritte, somit in Wahrheit zwei Riesenschritte; man weiß ja, dass Kinder mit dem Kopf marschieren, ohne je daran zu denken, dass sie Füße haben, und dass die Siebenmeilenstiefel des Däumlings im Märchen zeigen sollen, dass die Kinder am liebsten eine Reise um die Welt machen würden, ohne es zu merken.

Schließlich ließ ich mich überreden, überzeugt, nie den Küstenstrich zu erreichen, der mir so weit weg schien. Mein Sohn behauptete, den Weg zu kennen, aber da mit Siebenmeilenstiefeln an den Füßen alles ein Weg ist und ich dagegen schon seit Langem nur mit einfachen Schuhen durchs Leben gehe, hielt ich ihm entgegen, dass ich nicht wie er und seine Schwester über Gräben, Hecken und Bäche springen könne. Schon eine Viertelstunde zuvor war ich mir sicher gewesen, dass wir nicht zum Meer hinabliefen, denn die Bäche rannen uns schnell entgegen, und je weiter wir gingen, desto mehr schien das Meer am Horizont zu versinken. Schließlich dachte ich, wir hätten ihm den Rücken zugekehrt, und war entschlossen, den nächsten Bauern am Wege zu fragen, ob wir so tatsächlich ans Meer gelangten.

Unter einer Weidengruppe, in einem schlammigen Graben, gruben drei Hirtinnen, vielleicht drei verkleidete Feen, mit Schaufeln im Dreck herum, um irgendeinen Talisman oder dergleichen zu finden. Eine hatte nur einen Zahn, das war sicher die Fee Dentue, die ihren Zaubertrank im Kessel mit diesem einen scheußlichen Zahn anrührt. Die zweite Alte war offenkundig Karabossa, Alptraum aller Orthopäden. Beide schnitten uns scheußliche Grimassen. Die erste richtete ihren schrecklichen Zahn auf meine Tochter, deren Frische ihr Appetit machte. Die zweite schüttelte den Kopf und drohte mit ihrer Krücke meinem Sohn, dessen schlanke Taille sie reizte, ihm das Rückgrat zu brechen. Die dritte jedoch, die jung und hübsch war, sprang leichtfüßig aus dem Graben, warf sich ihren Umhang über die Schultern und bedeutete uns mit der Hand, ihr zu folgen. Das war wohl eine gute Fee, in ihrer Verkleidung als Bergbäuerin nannte sie sich *Périca de Pier-Bruno.*

Périca war das liebenswerteste mallorquinische Geschöpf, das ich je gesehen habe. … Sie führte uns an den Rand ihres Feldes und überquerte dann mit uns eine von Bäumen und großen Felsbrocken gesäumte Wiese; ich sah das Meer nicht mehr und wollte schon glauben, dass wir auf dem Weg in die Berge wären und die schelmische Périca sich einen Spaß erlaubte.

Aber plötzlich öffnete sie ein kleines Gatter am Ende der Wiese, und wir sahen einen Weg, der um einen wie ein Zuckerhut geformten Fels führte. Wir folgten dem Weg, und wie durch Zauberei befanden wir uns plötzlich oberhalb des Meeres, oberhalb der unendlichen Weite, das Ufer etwa eine Meile unter unseren Füßen. Bei diesem unerwarteten Anblick wurde mir schwindlig, ich musste mich setzen. Allmählich fasste ich mich und stieg schließlich mutig den Weg hinunter, obwohl dieser nicht für Menschenfüße, sondern eher für Ziegenhufe gemacht war. Was ich sah, war so schön, dass ich plötzlich in meinen Gedanken keine Siebenmeilenstiefel mehr trug, sondern Schwalbenflügel bekam, und ich ging um die großen Kalkfelsen herum, die sich wie hundert Meter hohe Riesen an der Küste entlang erstreckten, immer auf der Suche nach der kleinen Bucht, die zu meiner Rechten ins Land ragte und in der die Fischerboote klein wie Fliegen zu sein schienen.

Plötzlich sah ich vor mir und über mir nichts mehr als das tiefblaue Meer. Der Pfad war Gott weiß wohin verschwunden, Périca schrie oberhalb meines Kopfes, und meine Kinder, die mir auf allen vieren folgten, schrien noch lauter. Ich drehte mich um und sah meine Tochter in Tränen aufgelöst. Ich kehrte um, sie nach dem Grund zu fragen, und langsam wurde mir klar, dass Entsetzen und Angst der Kinder nicht unbegründet waren. Einen Schritt weiter, und ich wäre sehr viel schneller unten gewesen als mir lieb sein konnte, es sei denn, ich hätte wie eine Fliege an der Zimmerdecke laufen können, denn der Felsen, auf den ich mich vorgewagt hatte, ragte weit über die kleine Bucht hinaus und der Fels unterhalb des Vorsprungs war schon tief ausgewaschen. Als mir bewusst wurde, in welche Gefahr ich meine Kinder fast gebracht hätte, überkam mich eine furchtbare Angst, und eilig stieg ich mit ihnen wieder hinauf, doch als ich sie hinter einem der gewaltigen Zuckerhüte in Sicherheit gebracht hatte, überkam mich das neuerliche Verlangen, auf den Grund der Bucht hinabzusteigen und die Aushöhlungen da unten näher zu betrachten.

Nie hatte ich etwas dergleichen gesehen, was ich dort zu finden hoffte, und meine Fantasie schlug Purzelbäume. Ich stieg einen anderen Pfad hinunter, hielt mich an Sträuchern fest und umklammerte die Felsspitzen, die jedes Mal einen neuen Absatz des Weges markierten. Schließlich konnte ich einen Blick auf die riesige Öffnung der Aushöhlung werfen, wo sich die Wellen in wundersamer Harmonie überschlugen. Ich weiß nicht, welche zauberhaften Klänge ich zu hören glaubte und welch unbekannte Welten sich mir offenbaren sollten, als mich mein Sohn erschrocken und auch ein bisschen wütend heftig nach hinten zog. Unfreiwillig ließ ich mich denkbar unpoetisch fallen, nicht nach vorn, was unweigerlich das Ende meines Abenteuers und meines Lebens bedeutet hätte, sondern wie eine vernünftige Person aufs Hinterteil. Das Kind machte mir solch heftige Vorhaltungen, dass ich mein Vorhaben aufgab, nicht ohne ein gewisses Bedauern, das ich bis heute empfinde; denn meine Beine werden von Jahr zu Jahr schwerer, und ich glaube nicht, dass mir jemals wieder diese Flügel wachsen, die mich wie an jenem Tag an solche Gestade tragen.

Sicher ist allerdings auch, und das weiß ich so gut wie jeder andere, dass das, was man zu sehen bekommt, nicht immer dem entspricht, was man geträumt hat. Aber gänzlich wahr ist dies nur in der Kunst und anderen Werken der Menschen. Was mich angeht, sei es, weil ich insgesamt eine träge Fantasie habe, sei es, weil Gott über mehr Talent verfügt als ich (was nicht unmöglich ist), so habe ich die Natur immer viel schöner vorgefunden, als von mir zuvor erträumt, und ich kann mich nicht erinnern, sie jemals trostlos empfunden zu haben, es sei denn zu Zeiten, da ich es selbst war.

Alphonse Daudet

Der Leuchtturm von Sanguinaires

Vor drei Jahren bewohnte ich dort unten auf der korsischen Küste am Eingang des Golfs von Ajaccio den Leuchtturm von Sanguinaires. Es war dies ein prächtiger Erdenwinkel zum Träumen und zum Alleinsein, den ich da entdeckt hatte.

Denkt euch eine rötliche Insel von wildem Ansehen; auf einer Spitze der Leuchtturm, auf der andern ein alter genuesischer Turm, auf dem zu meiner Zeit ein Adler nistete. Unten am Rand des Wassers die Ruine eines Lazaretts, ganz von Unkraut überwuchert, dann Schluchten, Gebüsch, große Felsen, einige wilde Ziegen, kleine korsische, mit fliegender Mähne herumjagende Pferde; endlich da oben, ganz oben in einem Wirbel von allerhand Seevögeln das Gebäude des Leuchtturms mit seinem flachen Dach, auf dem die Wächter hin und her gehen, die grüne Tür mit ihrem Spitzbogen, der kleine eiserne Turm und darüber die große Laterne mit ihren Facetten, die in der Sonne blitzen und selbst während des Tages Licht verbreiten … So habe ich die Insel des Sanguinaires heute Nacht im Geiste wiedergesehen, als ich meine Tannen brausen hörte. Bevor ich meine Mühle besaß, zog ich mich zuweilen auf diese verzauberte Insel zurück, wenn ich mich nach freier Luft und Einsamkeit sehnte.

Was ich dort tat?

Was ich auch hier tue, noch weniger sogar. Blies der Nordwest oder der Nord nicht gar zu stark, so setzte ich mich zwischen zwei Felsen an der Brandung des Meeres nieder mitten unter Möwen, Rohrdommeln und Lerchen und blieb dort fast den ganzen Tag in jener Art von Erstarrung und angenehmer Erschlaffung, welche die Betrachtung des Meeres hervorbringt. Ihr kennt ja wohl diese angenehme Trunkenheit der Seele. Man fühlt sich eins mit der tauchenden Möwe, mit der Flocke Schaums, welche im Sonnenschein zwischen zwei Wogen glänzt, mit dem weißen Rauch des dahinsegelnden Paketbootes, mit dem roten Segel des Korallenfischers, mit dieser Wasserperle, mit jenem Nebelstreifen, während das Bewusstsein der eigenen Persönlichkeit vollständig in den Hintergrund der Seele zurückgedrängt ist ... Ach, was habe ich in meiner Insel für glückliche Stunden des halben Schlafs und der Selbstvergessenheit durchlebt! ...

Gestattete ein starker Wind den Aufenthalt am Strand nicht, so zog ich mich nach dem Hof des Lazaretts zurück, einem kleinen, melancholischen Hof, ganz erfüllt mit dem Duft von Rosmarin und wildem Wermut. Dort lehnte ich mich an ein Stück der alten Mauer und überließ mich willig dem unbestimmten Gefühl der Verlassenheit und Traurigkeit, welches mit den Sonnenstrahlen in den Maueröffnungen der Zellen webte, die rings umher gleich alten Gräbern gähnten. Von Zeit zu Zeit ein Schlagen der Tür, ein leichter Tritt im Gras ... es war eine Ziege, die im Schutz vor dem Wind Nahrung suchte. Bei meinem Anblick blieb sie betreten stehen und sah mich munter, die Hörner erhoben, mit kindlichem Auge an ...

Gegen fünf Uhr rief mich das Sprachrohr der Wärter zum Essen. Dann schlug ich einen schmalen Fußpfad ein, der durch das

Gebüsch gerade über dem Meer aufwärts stieg, und kam langsam zum Leuchtturm zurück, indem ich mich bei jedem Schritt nach dem unermesslichen Gesichtskreis von Wasser und Licht umwendete, der sich zu erweitern schien, je höher ich kam.

Theodor Fontane

Die ewige Schönheit des Ozeans. Oban, Schottland

Wir hatten das offene Fenster und vor dem Fenster die schöne Meeresbucht, die jetzt im vollen Glanze des Mondes uns wie zu Füßen lag. Oban selbst zieht sich im Halbkreis an der Bucht entlang; unmittelbar im Rücken seiner weißen Häuser steigen bewaldete Felspartien in die Luft, hier und dort mit Villen geschmückt oder von Schlössern überragt. Was aber dieser Bucht eine besondere Schönheit gibt, das ist nicht der Reiz und die Weitgespanntheit ihrer Ufer, sondern umgekehrt, der Blick von diesen Ufern aus aufs Meer. Zu der ewigen Schönheit des Ozeans gesellt sich hier ein so besonderer Reichtum von flachen Inseln und hohen Vorgebirgen, dass man zweifelhaft wird, wem denn eigentlich das Terrain gehört, dem Land oder dem Meer, und in den Bühnenraum eines Riesentheaters zu blicken glaubt, dessen ohnehin weit gedehnte Perspektive durch allerhand Seitenkulissen bis ins Unendliche zu wachsen scheint. Wir genossen noch in stiller Andacht des herrlichen Schauspiels, als das oft gehörte: »If you please, Gentlemen, tea is ready«, unsern Blick von der mondbeschienenen Bucht zurück in unser Zimmer lenkte.

James Joyce

Unsere mächtige Mutter

Buck Mulligan ging an die Brustwehr und sah hinüber über die Bai von Dublin; sein helles, eichenfarbenes Haar wurde vom Wind leicht in die Höhe geweht.

»Lieber Gott«, sagte er ruhig. »Das Meer ist wirklich, was Algy sagt: eine große, liebe Mutter. Das rotzgrüne Meer. Das scrotumzusammenziehende Meer. *Epi oinopa ponton.* Ach, Dedalus, die Griechen. Die musst du kennenlernen, durch mich. Im Original musst du sie lesen. *Thalatta! Thalatta!* Es ist unsere große, liebe Mutter. Komm und sieh!«

Stephen stand auf und ging hinüber an die Brustwehr. Er lehnte sich dagegen, schaute hinunter auf das Wasser und das Postschiff, das langsam den Hafeneingang von Kingstown verließ.

»Unsere mächtige Mutter«, sagte Buck Mulligan.

Ferdinand Freiligrath

Sandlieder

Ich meine nicht den Wüstensand,
Den Tummelplatz des wilden Hirschen;
Die Körner mein' ich, die am Strand
Des Meeres unter mir erknirschen.

Denn jener ist ein weh'nder Fluch,
Der Wüste rastlos irrende Seele.
Er legt, ein brennend Leichentuch,
Sich über Reiter und Kamele.

Der Sand des Meeres ist kühl und frisch,
Und feucht von Furchen und von Gleisen,
Ein allezeit gedeckter Tisch,
Auf dem die Möwen Fische speisen.

Ob meinem Haupte ziehn
Drei Möwen, schwer und träg.
Ich schaue nicht empor,
Doch kenn' ich ihren Weg.

Denn auf den Körnern, die
Im Sonnenscheine glühn,
Fließt flügelausgespannt
Ihr schwarzer Schatten hin.

Und eine Feder fällt
Herab, dass diesen Tag
Ich Sand und Möwenflug
Damit beschreiben mag.

Emanuel von Bodman

Am Strande

Mit nackten Füßen springt der Wind
Über die graue Flut.
Der Bauch der einen Wolke streift
Schon fast die Fläche, die noch ruht.
Nun pfeift es, und die Lust bricht los,
Die Wolken wälzen sich und schwellen
Und öffnen endlich ihren Schoß
Und schenken laut ihr Glitzerkind
Dem Winde und den Wellen.

Ernst Blass

Strand

Wir fühlen Sand und Sommer und die Wellen,
Die nachmittags an unsre Träume spülen,
Und sehen in dem Duft von frischen Kühlen
Sehr sichre Segler hell vorüberschnellen.

Und während wir die leichtbeladnen Stunden
Halb spielend und halb fliehend übergleiten,
Steht still in unsern Blicken, ohne Wunden,
Altkluge Trauer und der Glanz der Weiten.

Hermann Hölty

Am Strande

Es sprechen und blicken die Wellen
Mit sanfter Stimme, mit freundlichem Blick
Und wiegen die träumende Seele
In ferne Tage zurück.

Aus fernen verklungenen Tagen
Spricht's heimlich mit sanften Stimmen zu mir,
Schaut's heimlich mit freundlichen Blicken
Zum Wandrer am Strande hier.

Mir ist, als hätten die Stimmen,
Die je die Seele mir sanft bewegt,
Und all die freundlichen Blicke
Sich in die Wellen gelegt.

Christian Morgenstern

Vormittag am Strand

Es war ein solcher Vormittag,
wo man die Fische singen hörte;
kein Lüftchen lief, kein Stimmchen störte,
kein Wellchen wölbte sich zum Schlag.

Nur sie, die Fische, brachen leis
der weit und breiten Stille Siegel
und sangen millionenweis'
dicht unter dem durchsonnten Spiegel.

Julius Rodenberg

Stillleben auf Sylt 1861

Das Nordseebad Westerland besteht jetzt drei Jahre. Es will mir nicht einleuchten, warum man erst vor drei Jahren auf den Gedanken kam, hier zu baden. Der Strand an der ganzen Küste hinauf ist vortrefflich; er senkt sich flach und bequem und der Grund ist weicher Sand- und Muschelboden. Das Wasser kann nicht besser und kräftiger sein; hier rollt die breite Woge des Nordmeeres heran, von keiner Insel mehr gehemmt, von keinem letzten Ausläufer des Landes eingezwängt, nur die Sandbänke, die vor unserem Strande liegen, zerreißen ihre ruhige Fläche, und schaumspritzend, in immerwährender Brandung stürzt sie sich auf den Sand, wo wir sie erwarten. Dieses heilkräftige Wellenspiel ist vom Winde nicht abhängig; die See kann blau sein und sonnig vom goldenen Morgen schimmern, ohne dass der Wogenbruch fehlt, der dann wie ein silberner, vielfach gewundener Streif den Biegungen der Küste folgt. Wenn nun aber dunkles Gewölk die Fernsicht beschränkt, wenn der Regen über dem dumpfen Meere steht und der westliche Wind in die trübe Masse von Nebel und Wasser braust: dann scheint die Brandung zu rauchen, wirbelnd überstürzt eine Welle die andere, der aufgewühlte Boden mischt seine rötlichen Bestandteile mit dem dunkelgrünen Schaume und ein donnerartiges Getöse den Strand entlang verkündet die schwere See. Dann halten wir uns an Seilen, die weiter oben an den Dünen ankerfest gemacht sind, und indem wir, ans

Festland gekettet, in den rasch verdunstenden Schaum tauchen, überschauen wir nicht die nächste Welle und bedenken kaum, welcher Schrecken, welch unsägliche Gefahr hinter den Bänken lauert, von denen sie herantobt.

Wehe dem Fahrzeuge, das in diese Brandung gerät! Wir aber holen uns, dicht aus der Nähe des grässlichen Todes, neue Kraft, dem Leben zu trotzen, und nicht zwanzig Schritte vom schauerlichsten Grabe neue Lust, es zu genießen. Und wie herrlich ist die Luft, die uns umwettert, wie rein ist sie, wie kühl – wie weitet sich die ganze Brust, indem sie die köstliche Frische in sich atmet. Man geht ihr entgegen, man glaubt sie umfassen, umarmen zu können. Man sitzt einsam mit ihr auf den Hügeln, sie zieht dahin, ewig neugeboren, und sie flüstert uns schöne Erzählungen in die lauschende Seele, tausend süße Stimmen nimmt sie an, die alle von Liebe und Leben, und Hoffnung und Glück sprechen.

So ist das Seebad von Westerland. Wessen Seele nicht gewohnt ist, die luftigen Pfade zu wandeln, die der Scheidestrahl des sinkenden Tages ins Wasser und weit hinaus zeichnet, der wird sich unglücklich fühlen an diesen Küsten. Wer es nicht vergessen kann, dass jenseits der Gewässer eine Welt liegt, voll zweifelhafter Freuden, voll halber Genüsse, voll unbefriedigter Wünsche, was könnte der hier suchen auf der entlegensten Insel, die nichts hat als ihr Meer, ihre Heide, ihre strohgedeckten Hütten und ihre schuldlosen Bewohner? Haben wir doch kaum eine Zeitung, die uns Kunde gäbe von dem wirren Laufe der Dinge da draußen, und selten nur kommt der alte Postbote von Keitum mit einem Briefe, der uns erinnert, dass es noch hier und da im Weltall ein

Herz gibt, das wir lieben oder verehren dürfen. Die Verbindung mit dem Festland ist mangelhaft und höchst unregelmäßig; von den beiden Dampfschiffen, die den Dienst besorgen sollen, bleibt bald das eine und bald das andere aus. Will man mit einem Segelboote fahren, so muss günstiger Wind abgewartet werden, und nicht selten, mitten in der Reise, schlägt er um, und das Boot muss liegen bleiben oder zurückkehren. Was uns ein neuer Reiz zu sein scheint, ist es nicht für alle. …

Auch nicht für alle wird der Ausblick befriedigend sein, den man von dieser Ruhestatt gegen das breite Meer hat. Kein Schiff mit dem Fernglas zu finden – kein Segel, noch so fern, zu entdecken. Leblos für jeden, der in der unendlichen Eintönigkeit der wogenden Fläche, in dem ruhigen Wandel von Schatten und Licht nicht die ewige Nahrung alles Lebendigen zu erblicken vermag, liegt die See vor Sylt; und nur selten erblickt man ein Fischerboot von anderen Küsten, das bei östlichem Winde vorbeitreibt.

Es ist nicht jedermanns Sache, die Natur zu belauschen, die oft am gewaltigsten redet, wo sie am tiefsten zu schweigen scheint; was mir den Eindruck dieser Insel vollendet, dass nämlich auch ihre See so einsam, so traurig ist, das wird andere noch mehr verstimmen. Was kümmert es sie, dass diese See den Gesang des Untergangs singt? Dass die Welle, indem sie heranbraust, einen Fuß breit Erde nach dem andern fortreißt, die Dünenwälle zurückschiebt und zuletzt die ganze Insel und ihre Bewohner hinunterspülen wird, wie es deren Voreltern und die Stadt, die Dörfer und die Wälder hinuntergespült hat, in denen sie einst wohnten? Werden sie sich geneigt fühlen, die kleinen Züge sorgsam zu belauschen, in denen sich das Wesen eines Volkes offenbart – werden sie sein häusliches Leben beobachten mit seinen unbedeutenden Sorgen, die nicht über den Viehstall und die Weide hinausgehen – oder die abenteuerlichen Wege der seefahrenden Jugend verfolgen, die sich nicht selten in Sturm, Schiffbruch und Tod an fernen, unwirtbaren Küsten traurig verlieren? Werden sie so viel Geduld haben, um die Sagen und alten Geschichten anzuhören? Die Thinghöhen besteigen – auf den Bramhügeln im brütenden Mittags-Sonnenschein träumen? Werden sie in stillem Versunkensein die unscheinbaren Erlebnisse des Tages zusammentragen und aneinanderreihen, aus denen sich zuletzt das Bild dieser Insel und dieses Volkes herstellt – klein, anspruchslos aber ehrwürdig und voll jener süßen Farben, die das Auge besänftigen, voll jener Töne des Friedens, die man im Leben oft bange sucht, ohne zu wissen, wo man sie finden soll? Werden viele zu solch verlorenem Tun gestimmt sein? Ich fürchte, nicht viele.

Wilhelm Busch

Dorenkat

Hermine sagte mir, sie wollte,
Dass ich ihr mal was dichten sollte. –
Ich sagte ja! – Und also hü!
Fährt jetzt mein Geist per Phantasie
Nach Borkum, legt sich auf die Düne
Und dichtet was für die Hermine.

Von einer Düne sieht man weit. –
Das Meer ist voller Flüssigkeit.
Das Ostland ist an Möwen reich.
Die jungen Möwen hat man gleich;
Die Eltern aber schrein und tüten
Und schweben über unsern Hüten.
Hier ist der Entoutcas zu loben.
Nicht alles Gute kommt von oben. –

Zu Upholm wird das Schaf gemelkt.
Die Kuh will Futter, wenn sie bölkt.
Der Kuhhirt sammelt viele Kühe
Durch lautes Tuten morgens frühe.
Dies weckt den Fremden unvermutet,
Sodass er fragt, wer da so tutet? –

Am Strande aber geht man froh
Erst so hin und dann wieder so;
Man sieht ein Schiff, tritt in die Qualle,
Hat Hunger, steigt in diesem Falle
Zur Giftbutike kühn hinauf,
Erwirbt ein Butterbrot durch Kauf
Und schlürft, wenn man es nötig hat,
Den vielberühmten »Dorenkat«;
Ein Elixier, was notgedrungen,
Durch ein Malheur dazu gezwungen,
Vor hundert Jahren hierzuland
Der Pieter Dorenkat erfand.

Anmerkung: Der Entoutcas ist ein gegen Sonne und Regen schützender Schirm. – Das Gedicht geht noch viele Zeilen weiter und erzählt von der Erfindung des Kräuterschnapses »Dorenkat«, mit dem ein durch Amors Pfeil erlittener Schmerz erfolgreich behandelt wird.

Gustav Falke

Ebbe

In Schlick und Schlamm das Fischerboot,
Von letzter Welle leis umflutet
Und rot vom Abend überglutet,
Träumt's von Fahrt und Wetternot.

Der Regenpfeifer läuft durchs Watt,
So flink fast wie die Möwen fliegen;
Kein Lüftchen spielt, und draußen liegen
Die weiten Wasser spiegelglatt.

Landher, dort überm öden Rand
Der grauen Hügel, hebt sich's finster.
Die Nacht! – und durch den Dünenginster
Irrt's wie ein Seufzer bang zum Strand.

Ferdinand Avenarius

Nordlicht

Das ist eine Nacht der Einsamkeit –
Kein Menschenlicht im Dunkeln weit,
Von schwarzen Dünen nur Breiten und Dehnen
Und Steigen und Sinken, und Brandungstönen.

Dazwischen ein feines hohes Gesumm
Vom Sande und Dünenhafer ringsum,
Und dann und wann ein jäh erpresster
Möwenschrei, störst du versteckte Nester.

Da – dort, sieh dort: ein Feuerschein
Glimmt, glüht jetzt über den Norden herein:
Müd rote Strahlen überhellen
Und überfluten Himmel und Wellen.

Und riesig in die Nacht hinaus
Feurige Arme reckt es aus,
Hoch über Land und Wasser ragend,
Ein Drohen ist's, und doch ist's klagend.

So hoheitsvoll und düster thront
Es erdfremd überm Horizont,
Wie eine Sonne, die nicht erhellt,
Wie eine Sonne der Unterwelt.

August Strindberg

Das Meer durch den Seekieker

Der Wind war in der Nacht nach Nordost herumgegangen und hatte das Eis aus dem Alandsmeer in das Fahrwasser bei der Schäre hineingetrieben, als der Fischereiinspektor mit der Jolle hinausfuhr, um die vorbereitenden Untersuchungen bezüglich der Beschaffenheit des Meeresbodens, der Tiefe des Wassers, der Flora und Fauna des Meeres anzustellen.

Der Lotse, den er als Rudergast mitgenommen, hatte es bald satt, Aufklärungen mitzuteilen, als er sah, dass der Inspektor mit Hilfe von Seekarte, Lot und verschiedenen andern Instrumenten selbst Dinge herausfand, an die die Lotsen niemals gedacht hatten. Wo die Gründe lagen, wussten sie, und auf welchem Grund sie die Strömlingsnetze aussetzen sollten, ebenfalls. Aber damit gab sich der Inspektor nicht zufrieden, zog sein Schleppnetz über verschiedene Tiefen und fischte kleines Gewürm und Pflanzenschleim herauf, wovon der Strömling seiner Ansicht nach lebte; er lotete, nahm Proben von dem Lehm, Sand, Schlamm, von der Erde und dem Kies des Meerbodens hinauf, die er sortierte und nummerierte und in kleine Gläser mit Aufschriften legte.

Und schließlich holte er ein großes Fernrohr heraus, das einem Sprachrohr glich, und lugte in das Wasser hinab. Das war nun etwas, was sich der Lotse niemals hätte träumen lassen, dass man das Fernrohr im Wasser gebrauchen könne, weswegen er bat, auch einmal das Auge an das Glas legen und einen Blick in das Verborgene tun zu dürfen.

Der Inspektor, der auf der einen Seite nicht Zauberer spielen wollte, aber auch nicht wünschte, durch übereilte Äußerungen zu große Hoffnungen in Bezug auf das Ergebnis seiner Untersuchungen wachzurufen, beschränkte sich darauf, dem Wunsch des Lotsen zu willfahren und einige populäre Erklärungen über die lebenden Bilder hinzuzufügen, die sich vor ihm in der Tiefe aufrollten.

»Können Sie den Blasentang auf dem Grund sehen?«, begann der Inspektor seine Vorlesung. »Sehen Sie, dass er erst graugelb ist, dass er weiter unten leberbraun und schließlich am Boden rot wird? Dieser Farbenwechsel wird durch das abnehmende Licht hervorgebracht!«

Er entfernte sich einige Ruderschläge vom Grund, beständig in Lee der Insel, um das Eis zu meiden.

»Was sehen Sie nun?«, fragte er den auf dem Bauch liegenden Mann.

»Ach, herrjemine! Ne, wer hätt' das gedacht, das sind Strömlinge! Und sie stehen so dicht, so dicht wie 'n Spiel Karten!«.

»Können Sie jetzt sehen, dass der Strömling nicht immer auf seichtem Wasser geht, und verstehen Sie jetzt, dass man ihn draußen in der Tiefe wird fischen können? Und glauben Sie es jetzt, wenn ich sage, dass der Strömling niemals in den Gründen gefischt werden sollte, wo er nur hingeht, um seinen Rogen abzulegen, der dort besser von der Sonnenwärme getroffen werden kann als in dem tiefen Wasser?«

Der Inspektor ruderte weiter, bis er das Wasser blaugrün werden sah infolge der lehmigen Beschaffenheit des Bodens.

»Nun, was sehen Sie jetzt?«, wiederholte er, auf den Riemen ruhend.

»Ich glaub, weiß Gott, da sind Schlangen auf dem Meeresboden! Das sind ja lauter Schlangenschwänze, die aus dem Schlamm rausgucken – und da sitzen die Köpfe.«

»Das sind Aale, mein Junge!«, belehrte der Inspektor.

Der Lotse sah ein wenig ungläubig aus, denn noch nie hatte er von Aalen in der See reden hören; aber der Inspektor wollte seine besten Karten nicht zu früh ausspielen und auch seine Kräfte nicht mit langatmigen Erklärungen über ziemlich unklare Sachen vergeuden. Deswegen verließ er die Riemen, nahm wieder sein Fernrohr und lehnte sich über die Reling hinaus, um Beobachtungen zu machen. Er schien mit ungewöhnlichem Eifer etwas zu suchen, nach etwas zu forschen, das dort in den und den Gründen gefunden werden sollte.

Auf die Weise ruderten sie ein paar Stunden umher. Zuweilen benutzte der Inspektor seinen Grundkratzer, zugleich mit dem Lot, und nach jeder Probe lehnte er sich mit dem Fernrohr vornüber. Seine bleichen Gesichtszüge wurden schlaff vor Anstrengung, und die Augen sanken tiefer in den Kopf hinein. Die Hand, die das Fernrohr hielt, zitterte, und der Arm fühlte sich steif an wie ein Zaunpfahl. Der kalte, feuchte Wind, der durch den Ölrock des Lotsen drang, schien der schmächtigen Gestalt, die nur mit einem halb zugeknöpften Sommerüberzieher bekleidet war, nichts anzuhaben. Seine Augen betauten sich infolge des Seewindes und der Anstrengung, scharf in das halb undurchdringliche Element hinabzusehen, in diese drei Viertel der Erdoberfläche, von deren Leben das letzte Viertel im Allgemeinen so wenig weiß und so viel errät.

Durch seinen Seekieker, den er nicht erfunden, aber teilweise nachgebildet hatte nach Beschreibungen von Brückenbauern und Arbeitern bei Unterwassersprengungen, sah er hinab in die niedere Welt, aus der sich die große Überseeschöpfung entwickelt hatte. Der Tangwald, der eben die Grenzen von unorganischem Leben zu organischem überschritten hatte, schwankte in der kalten Grundströmung und glich gekästem Eiweiß, das sich nach dem Wogen der See gebildet hatte und an die pflanzenartigen Bildungen des Wassers erinnerte, wenn es an der Fensterscheibe gefriert; breitete sich dort unten aus wie große Parks mit goldenem Laub, unter dem sich die Bewohner des Meeresbodens auf dem Bauch vorwärtsschleppten; suchte die Dunkelheit und die Kälte, um die Scham darüber zu verbergen, dass er nicht weitergelangt war auf der Wanderung der Sonne und dem Licht entgegen. Am tiefsten unten im Lehm ruht die Flunder, halb eingegraben in den Schlamm, träge, unbeweglich, ohne Erfindungsfähigkeit, eine Luftblase sich entwickeln zu lassen, um sich dadurch emporheben zu können, einen Glückszufall abwartend, der ihr die Beute gerade vor die Nase hinführen kann, aber ohne Trieb, das Glück zu suchen – dieser stumpfsinnige Fisch, der sich aus lauter Faulheit so gezerrt und gedreht hat, dass ihm die Augen schließlich auf der rechten Seite des Kopfes sitzen.

Der Tangkrebs hat vorne ein Paar Riemen ausgebracht, ist

aber am Hinterteil überlastet und erinnert an die ersten Versuche, Boote zu bauen. Er zeigt zwischen dem Laubwerk des Tangs seinen architektonischen Steinkopf mit dem Knebelbart des Kroaten und hebt sich einen Augenblick vom Boden, um gleich darauf wieder in den Schleim hinabzusinken.

Der Seehase mit seinen sieben Rücken geht mit dem Kiel in die Höhe; er gleicht einer gewaltigen Nase, die nur nach Nahrung und Weibchen schnüffelt, und erhellt einen Augenblick das Wasser mit seinem rosenfarbenen Bauch, indem er da unten in der Dunkelheit eine schwache Morgenröte um sich verbreitet, begibt sich aber bald wieder zur Ruhe, seine Saugscheibe fest auf einem Stein, um den Verlauf der Millionen von Jahren abzuwarten, die den Nachzüglern auf der endlosen Bahn der Entwicklung Erlösung bringen sollen.

Der schreckliche Seeteufel, die verkörperte Wut, der den Ausdruck der Bissigkeit in dem bärtigen Gesicht trägt und dessen Schwimmglieder zu Krallen geworden sind, mehr um seine Opfer zu peinigen als zum Angriff und zur Verteidigung, liegt genusssüchtig auf der Seite und streichelt zärtlich seinen Körper mit dem schleimigen Schwanz.

Aber höher oben, in dem helleren und wärmeren Wasser, geht der schöne, tiefsinnige Barsch, in der Ostsee vielleicht der eigentümlichste Fisch. Er ist wohlgebaut und gesetzt, aber noch ein wenig plump wie ein Fährboot, und hat die eigene blaugrüne Farbe der Ostsee und ihre nordische Gesinnung: ein klein wenig Philosoph und ein klein wenig Seeräuber, ein geselliger, oberflächlicher Einsiedler, der gern Tiefen aufsucht und sie zuweilen erreicht, oft aber träge und exzentrisch, kann stundenlang dastehen und die Steine am Strand anstarren, bis ihm etwas anderes einfällt und er dahinschießt wie ein Pfeil; er ist ein Tyrann gegen sein eigenes Geschlecht, wird aber bald zahm, kehrt gern an denselben Ort zurück und bietet sieben Eingeweidewürmern Unterschlupf.

Und endlich der Adler des Meeres, der König der Ostseefische, der schlankgebaute, kuttergetakelte Hecht, der die Sonne liebt und aufgrund seiner Stärke die hellen Farben nicht zu scheuen braucht; der mit der Nase im Wasserspiegel steht und mit der Sonne in den Augen schläft, von der blühenden Wiese und dem Birkenwäldchen träumend, wohin er niemals kommen kann, von der blauen Kuppel, die sich über seiner nassen Welt wölbt und wo er ersticken würde, obwohl die Vögel dort so leicht schwimmen mit ihren behaarten Brustfinnen.

Das Boot war zwischen die Eisschollen geraten, und über die Tangparks auf dem Grund zogen die dunklen Schatten der Eisstücke wie leichte Wolken. Der Inspektor, der mehrere Stunden gesucht, aber nicht gefunden hatte, was er wollte, hob jetzt das Fernrohr aus dem Wasser heraus, trocknete es ab und legte es hin. Dann sank er auf die achterste Ducht nieder, hielt die Hand vor die Augen, als wolle er ihnen Ruhe vergönnen von allen Eindrücken, und schien einige Minuten in Schlaf gesunken zu sein; endlich gab er dem Lotsen ein Zeichen, weiter zu rudern. Der Inspektor, der den ganzen Vormittag seine Aufmerksamkeit auf die Tiefe gerichtet hatte, schien erst jetzt Auge für das großartige Gemälde zu bekommen, das sich vor ihm auf der Meeresfläche entrollte. Vor dem Boot und eine Strecke weiter breitete sich die See ultramarin aus, bis das Treibeis kam und eine vollständig arktische Landschaft bildete. Inseln, Buchten und Sunde wurden wiedergegeben, wie auf einer Karte, und wo das Eis auf die Riffe hinaufgeschoben war, hatten sich Klippenfelsen gebildet, indem ein Eisblock den andern niedergedrückt hatte und der nachfolgende auf den vorhergehenden geklettert war. Auf den kleinen Werdern hatte sich das Eis ebenfalls zusammengepackt, Wölbungen gebaut, Grotten gebildet, Türme, Kirchenruinen, Kasematten, Bastionen errichtet, und das Zauberartige dieser Formationen lag darin, dass sie aussahen, als seien sie von einer mächtigen Menschenhand hervorgebracht; es waren nämlich nicht die gewöhnlichen, unbewussten, zufälligen Formen der Natur, sie erinnerten im Gegenteil an die menschliche Erfindsamkeit in entschwundenen historischen Perioden. Hier hatten sich die Blöcke aufgestapelt wie Zyklopenmauern und sich terrassenförmig geordnet wie der assyrisch-griechische Tempel; dort hatte die Welle durch fortgesetzte Schläge eine römische Tonnenwölbung ausgehauen, einen Rundbogen hervorgeätzt, der zu einem arabischen Hufeisenbogen geworden war, in dem Sonnenstrahlen und Wellenspritzer Tropfsteinformationen und Bienenzellen hervorgebracht hatten; hier hatte der Wellenschlag eine römische Wasserleitung ausgenagt, dort standen die Grundmauern zu einem Schloss aus dem Mittelalter mit Spuren von herabgestürzten Spitzbogen und Verzierungen jener Zeit.

Dieses Schwanken zwischen Gedankenverbindungen von arktischer Landschaft und historischer Architektur versetzte den Beschauer in einen eigentümlich träumenden Zustand, aus dem er durch das geräuschvolle Leben gerissen wurde, das die streichenden Scharen von Seevögeln auf den treibenden Eisinseln und auf dem klaren, blauen Wasser führten.

Selma Lagerlöf

Wenn Meer und Land sich begegnen

Noch einmal mussten Akka und ihre Schar in die dunkle Nacht hinausfliehen. Glücklicherweise war der Mond noch nicht untergegangen, und mit Hilfe seines Scheines gelang es ihr, noch einen der Schlafplätze zu finden, die ihr dort in der Gegend bekannt waren. Sie folgte abermals dem glitzernden Bach gen Süden. Ohne sich niederzulassen, schwebte sie über Schloss Djupdal und über den dunklen Dächern von Rönneberg dahin. Aber ein Stück südlich von der Stadt, nicht weit von der See, liegt Bad Rönneberg mit Badehaus und Kurhaus, mit großen Hotels und Sommerwohnungen für die Kurgäste. Dies alles steht den ganzen Winter leer und öde, worüber alle Vögel genau Bescheid wissen und gar manch eine Vogelschar sucht in strengen Sturmzeiten Schutz auf den Balkons und Veranden der leeren Häuser.

Hier ließen sich die wilden Gänse auf einen Balkon nieder und schliefen wie gewöhnlich sofort ein. Der Junge aber wollte nicht schlafen, denn er wollte nicht unter den Flügel des Gänserichs kriechen.

Der Balkon lag nach Süden, sodass der Junge Aussicht über die See hatte. Und da er nicht schlafen konnte, saß er da und beobachtete, wie schön es sich ausnahm, wenn Meer und Land sich hier in Blekinge begegneten.

Nun können sich ja Meer und Land auf viele verschiedene Art begegnen. An vielen Stellen geht das Land mit flachen Wiesen voll kleinen Erderhöhungen an das Meer hinab, und das Meer nimmt das Land mit Flugsand in Empfang, den es zu Schanzen und Dünen auftürmt. Es ist, als könnten die beiden einander so wenig leiden, dass sie sich nur von ihrer allerschlechtesten Seite zeigen wollten. Aber es kann auch geschehen, dass das Land, wenn es nach dem Meer hinabgeht, eine Felswand vor sich aufrichtet, als sei das Meer etwas Gefährliches, und wenn das Land das tut, geht ihm das Meer mit erzürnten Brandungen entgegen, schäumt und bullert und schlägt gegen die Felsen und sieht so aus, als wolle es den Erdboden in Stücke zerreißen.

Aber in Blekinge geht es ganz anders zu, wenn Meer und Land sich begegnen. Da zersplittert sich das Land in Landspitzen und Inseln und Weiden, und das Meer teilt sich in Buchten und Förden und Sunde, und daher kommt es wohl, dass es so aussieht, als begegneten sie sich in Freude und Eintracht.

Denke nun zuvörderst an das Meer! Weit da draußen liegt es öde und leer und schwarz und tut nichts weiter als seine grauen Wogen rollen. Wenn es sich dem Lande nähert, begegnet es der ersten Schäre. Über die macht es sich gleich zum Herrn, reißt all das Grün ab und macht sie ebenso kahl und grau, wie es selber ist. Dann begegnet es noch einer Schäre. Mit der geht es ebenso. Und noch einer. Ja, auch mit der geht es nicht anders. Sie wird entkleidet und geplündert, als sei sie unter Räuber gefallen. Aber dann kommen immer mehr Schären, und nun versteht das Meer wohl, dass das Land ihm seine kleinsten Kinder entgegensendet, um es zu Milde zu bewegen. Es wird auch freundlicher und freundlicher, je weiter es hineingelangt, rollt seine Wellen weniger hoch, dämpft seine Stürme, lässt das Grün in Rissen und Spalten stehen, teilt sich in kleine Sunde und Buchten und wird schließlich ganz in der Nähe des Landes so wenig furchteinflößend, dass sich kleine Boote darauf hinauswagen. Es kann sich gewiss kaum selbst wiedererkennen, so licht und freundlich ist es geworden.

Und dann denke an das Land! Es liegt so einförmig da, und ein Fleck gleicht dem andern. Es besteht aus flachen Feldern, hier und da mit einem Birkenhain dazwischen, oder auch aus langen waldbedeckten Höhenzügen. Es sieht aus, als dächte es an nichts weiter als an Hafer und Rüben und Kartoffeln und Tannen und Fichten. Dann kommt ein Fjord, der sich tief hineinschneidet. Es macht kein Aufhebens davon, sondern säumt ihn mit Birken und Erlen, ganz als sei er ein gewöhnlicher Süßwassersee. Dann kommt noch ein Fjord dahergefahren. Auch von dem macht das Land kein Aufhebens, aber er erhält dieselbe Bekleidung wie der erste. Nun aber beginnen die Fjorde sich zu erweitern und zu teilen. Sie zersplittern die Felder und Wälder, und dann kann das Land nicht umhin, sie zu beachten. »Ich glaube wahrhaftig, da kommt das Meer selber«, sagt das Land, und dann fängt es an, sich zu schmücken. Es bekränzt sich mit Blumen, schlängelt sich in Hügeln und Tälern und wirft Inseln ins Meer hinaus. Es will nichts mehr wissen von Fichten und Tannen, es wirft sie weg wie ein vertragenes Alltagsgewand und prangt stattdessen mit großen Eichen und Linden und Kastanien und mit blühenden Hainen und wird so zierlich wie ein Schlosspark. Und als es sich mit dem Meer begegnet, ist es so verändert, dass es sich selbst nicht mehr wiederzuerkennen vermag.

Max Dauthendey

Diese Meerestiefe unter dem Boot

Ich war seit dem Tag meiner Ankunft aus Deutschland nicht wieder an der Küste in dem Fischerdorf Fjällbacka gewesen, denn der Ort lag zu weit weg, um ihn auf einem Spaziergang vom Pfarrhause erreichen zu können. Nun fand ich Fjällbacka frühlinghaft wieder. An der steil zum Meer abfallenden Hauptstraße standen die schmucken Holzhäuschen frisch weiß und gelb und blassblau und rot bemalt, und in den winzigen Vorgärten, auf wenig Erde, zwischen buckligem Gestein, grünten sparsame Gartenbeete, in denen die wenigen Blumen kostbarer zu leuchten schienen als irgendwo; sie wurden hier den Menschen wertvoll, ähnlich dem Schluck Wasser, der in der Wüste den Wert von Menschenleben hat.

Fjällbacka heißt: Felsenhang. Die niedlichen roten Holzhäuschen kleben hier wie ein Haufen Schwalbennester an der grauen und lilarosigen Felsenwand, die dort zum Meer abfällt. Im Dorf sind winzige Gässchen, und manches Häuschen ist nicht viel höher als ein Mensch. Manches Fischerhaus hat nur eine Küche und eine Stube, aber glänzt von Sauberkeit innen und außen. Die Gassen sind von Felsen natürlich, höckerig gepflastert, und jeder Schritt muss erklettert werden über kleinen und großen Granitbuckeln, die auch hier wie überall in Bohuslän in der Erde einen einzigen riesigen Stein zu bilden scheinen, der den Umfang einer ganzen Provinz behauptet.

Nachdem wir den Wagen in den Gasthof eingestellt hatten, traten wir unter einem nach Fisch und Teer duftenden, roten, hölzernen Vorratsschuppen hinaus auf eine Landungsrampe. Diese steht auf Holzbohlen ins Meer gerammt, und an ihr liegen unzählige kleine Boote der Fischer und Händler von Fjällbacka angeseilt.

Es machte mich fast erschrocken, wie dunkel und abgrundfinster das Meer mich ansah, das ich zuletzt acht Wochen vorher, als weiße blinde Eisfläche undurchsichtig erstarrt gesehen hatte. Und nun spielte es mit kleinen kurzen quecksilbrigen Wellen, die die Farben der verankerten bunten Fischerboote zurückspiegelten, als wäre das Wasser mit gelben, roten, blauen Glassplittern bestreut. Aber weiter draußen wurde das Meer ein dunkelgrüner Abgrund.

Es war mir einen Augenblick, als endete hier an der Anfahrtsrampe alle Erde, und das Meer schien einen Weltabgrund auszufüllen. Ich hatte das Meer vom Lande drinnen nur als ferne Spiegelfläche gesehen und ganz vergessen, dass es eine ungeheure Tiefe hatte. Bei der Winterfahrt vor einigen Wochen war mir die Meeresoberfläche, die vereist gewesen, wie ein weißer Ballsaal mit blankem Boden erschienen und hatte nicht von Tiefe gesprochen und von keiner Unergründlichkeit, vor der ich jetzt staunte.

Als wir dann ein Boot bestiegen und der Schwede mit Hilfe eines Fischers die Segel aufsetzte, da war es ein großer Genuss, sich vorzustellen, dass wir nun in dem Kahn auf der tanzenden Wasserfläche hin über Abgründe, in denen alle Möglichkeiten des Todes lauerten, schweben sollten.

Das Meer, das vor Fjällbacka nicht frei liegt, sondern nur einen Meerplatz bei der Küste bildet, der von den vorgelagerten Inseln wie von hintereinanderliegenden Hügeln begrenzt wird, das Meer hat hier durch die Eingeschlossenheit etwas Heimliches, Gemütliches. Man war hier erst in einem Vorgemach zum Unendlichkeitssaal des Meeres.

Ungefähr in der Mitte dieses eingeschlossenen Meerplatzes liegt ein winziges Steininselchen, das sich nur mehrere Fuß hoch über den Wasserspiegel hebt. Diese Insel, auf der kein Baum und kein Strauch steht, sondern wo nur ein paar Holzgerüste zum Trocknen von Fischen errichtet sind, dieser kleine hellgraue Steinbuckel befand sich noch im letzten Jahrhundert unter dem Meeresspiegel, und an jener Klippe ist damals bei einem Sturm ein Bischof in seinem Boot mit seinen Leuten aufgerannt und untergegangen.

Dieses erzählte mir der Schwede, während wir jetzt im schönsten Morgensonnenwetter an dem Inselstein vorüberkreuzten. Und es war mir wunderbar, auszudenken, dass Steine aus dem Meere wachsen, und dass neue Welten sich bilden, und dass das hundertjährige kleine Inselchen noch wie ein Kind im Verhältnis zu den großen Inseln draußen war und doch schon hundert Menschenjahre zählte.

Und auszudenken, dass da einmal, wo wir jetzt über Abgründen, mit Meersalz bespritzt, in der Morgensonne hinfuhren, das Wasser verschwunden sein würde und überall Land auferstehen würde!

Dass dann da Menschen gehen und Häuser bauen würden,

wo jetzt Wasser war! So wie das Pfarrhaus drinnen im Land auf Meeresgrund stand, so würden Menschen hier walten, und niemand würde sich dann der Menschen von heute mehr erinnern nach den Tausenden von Jahren; niemand würde an uns beide denken können, niemand an diesen Tag, an dem wir hier Wirklichkeit waren.

Und wir hatten doch wirkliche Herzen und Hände, die jetzt eben in jedem Augenblick auf unser Leben bedacht sein wollten, die die sonnendurchleuchtete Segelleinwand sorgsam an den Tauen der Windrichtung anpassen mussten und vorsichtig gegen den Wind kreuzen mussten, um unsere Leben über die Abgründe zu bringen, die unter uns lagen.

Und auszudenken, dass unsere Schatten und der Schatten des Schiffes, die als schwarze gezeichnete Flecken über die grüne Wasserfläche mitfolgten, nicht körperloser waren als die Körpermasse des Bootes und unserer beiden Menschengestalten! Und ich verstand, dass das Holz des Bootes und sein Leben und das Leben der Segelleinwand und unsere Körper aus Fleisch und Blut, die so verschieden aussahen, im Grunde sich in nichts voneinander unterschieden. Sie würden, wenn hier das Wasser verschwunden und dieser Meeresplatz ein Tal mit Menschenhäusern darin geworden war, alle in der Spurlosigkeit eins geworden sein. Dieses Meer von heute, dieses Boot von heute und wir zwei Menschen im Boot waren im Grunde körperlose Schatten. …

Und wenn euch dann der Gedanke kommt: dieses Boot, in dem ich segle, dieses Meerwasser, auf dem ich fahre, diese Menschengestalt, in der ich heute die Segelfahrt genieße, sie werden in aber tausend Jahren verschollen sein, dann werdet ihr lächelnd sagen:

Aber die Fahrt war deswegen doch festlich und genussreich, und es gibt noch Tausende von Sternen und Tausende von Lebensarten, auf denen und in denen wir wieder aufleben werden.

Ein schöner Tag, eine schöne Morgenfahrt wie heute, ist deswegen nicht weniger schön, weil sie vergänglich ist. Denn jedes Menschen Unergründlichkeit steht hinter seiner Gegenwart, seine Unergründlichkeit, die viel tiefer ist als diese Meerestiefe unter dem Boot, und die viel tiefer ist als alle Höhe über dem Boot.

Sie, unsere Ewigkeit, unser festlicher Besitz und der festliche Besitz aller, weilt bei mir im Boot, in mir, in meiner Gestalt. Sie schaut aus dem Wasser neben mir herauf, sie dröhnt aus dem Holz des Bootes, sie leuchtet aus der Leinwand des Segels, sie blickt mich aus dem Auge meines Kameraden im Boote ebenso an, wie sie aus meinem Auge ihn und alle Dinge rundum unergründlich ansieht.

Wie wenig ist dagegen die endliche Wirklichkeit, die ihr beweisen möchtet, der ihr nachseufzen möchtet, da doch die herrliche erhabene Unergründlichkeit – die ihr besitzt, und die euch besitzt – weitaus großartiger als die Wirklichkeit jede eurer kleinsten Handlungen beleuchtet!

Darum seufzt nicht über die unwirkliche Vergänglichkeit. Nichts stört euer großes Fest, ihr seid von Ewigkeit zu Ewigkeit mitten in diesem Fest, immer und ewig. –

Richard Dehmel

Lied beim Segeln

Jetzt ist kein Hafen mehr in Sicht,
die Welle stürzt schon breiter,
die Segel brüsten sich im Licht:
jetzt, Jungs, wirds heiter!
    Seht die Sonne schweben,
    seht die Wolken ziehn;
    freier rauscht das Leben,
    alle Ufer fliehn.

Das Steuer prompt in wacher Hand,
bald stramm die Hand, bald lose:
so, Jungens, kreuzt man elegant
durchs Weltgetose!
    Seht den Wimpel schweben,
    seht die Möwen ziehn;
    leicht rauscht alles Leben,
    wenn die Ufer fliehn.

Im Fluge naht die Stunde zwar,
da gehts zurück zum Hafen,
vielleicht zum allerletzten gar:
dann, Jungs, geht schlafen!
    Seht den Himmel schweben,
    seht die Sterne ziehn;
    weiter rauscht das Leben,
    alle Ufer fliehn.

Joachim Ringelnatz

Segelschiffe

Sie haben das mächtige Meer unterm Bauch
Und über sich Wolken und Sterne.
Sie lassen sich fahren vom himmlischen Hauch
Mit Herrenblick in die Ferne.

Sie schaukeln kokett in des Schicksals Hand
Wie trunkene Schmetterlinge.
Aber sie tragen von Land zu Land
Fürsorglich wertvolle Dinge.

Wie das im Winde liegt und sich wiegt,
Tauwebüberspannt durch die Wogen,
Da ist eine Kunst, die friedlich siegt,
Und ihr Fleiß ist nicht verlogen.

Es rauscht wie Freiheit. Es riecht wie Welt. –
Natur gewordene Planken
Sind Segelschiffe. – Ihr Anblick erhellt
Und weitet unsre Gedanken.

Christian Morgenstern

Segelfahrt

Nun sänftigt sich die Seele wieder
und atmet mit dem blauen Tag,
und durch die auferstandnen Glieder
pocht frischen Bluts erstarkter Schlag.

Wir sitzen plaudernd Seit' an Seite
und fühlen unser Herz vereint;
gewaltig strebt das Boot ins Weite,
und wir, wir ahnen, was es meint.

Eduard von Keyserling

Ich habe mir das Meer grösser gedacht

Die Generalin hatte den Bullenkrug für den Sommer gemietet, um hier an der See ihre Familie um sich zu versammeln. Vor drei Tagen war sie mit Fräulein Bork, Frau Klinke, der Mamsell, und Ernestine, dem kleinen Dienstmädchen, hier angelangt, um alles einzurichten. Es erforderte Arbeit und Nachdenken genug, für alle diese Menschen Platz zu schaffen und nicht nur Platz, »denn«, pflegte die Generalin zu sagen, »ich kenne meine Kinder, bei allem, was ich gebe, sind sie kritisch wie ein Theaterpublikum«. Heute nun war die Tochter der Generalin, die Baronin von Buttlär, mit den Kindern, den beiden eben erwachsenen Mädchen Lolo und Nini und dem fünfzehnjährigen Wedig, angelangt. Der Baron Buttlär sollte nachkommen, sobald die Heuernte beendet war, und Lolos Bräutigam Hilmar von dem Hamm, Leutnant bei den Braunschweiger Husaren, wurde auch erwartet. …

Draußen von der Holzveranda tönte Lärm herüber, Tellergeklapper und hohe Stimmen. Ernestine deckte dort den Tisch für das Abendessen und stritt dabei mit Wedig. Auch Lolo und Nini waren erschienen, sie lehnten an der Holzbrüstung der Veranda schmal und schlank in ihren blauen Sommerkleidern. Der Seewind fuhr ihnen in das leichte rote Haar und ließ es hübsch um die Gesichter mit den fast krankhaft feinen Zügen flattern. Die Mädchen zogen ein wenig die Augenbrauen zusammen und schauten mit den blanken braunroten Augen unverwandt auf das Meer und öffneten die Lippen, als wollten sie lächeln, aber das große bewegte Leuchten vor ihnen machte sie schwindelig. Auch Wedig hatte sich nun zu ihnen gesellt und schaute auch schweigend hinaus. Das kränkliche Knabengesicht verzog sich, als täte all dieses Licht ihm weh.

»So«, sagte die Generalin drinnen zu Fräulein Bork, »das war ein angenehmer stiller Augenblick. Ich höre, meine Tochter kommt die Treppen herunter, nun kann es wieder losgehen.«

Frau von Buttlär hatte ein wenig geschlafen, trug ihren Morgenrock und hüllte sich fröstelnd in ein wollenes Tuch. Sie mochte früher das hübsche überzarte Gesicht ihrer Töchter gehabt haben, jetzt waren die Wangen eingefallen und die Haut leicht vergilbt. Aufgebraucht von Mutterschaft und Hausfrauentum war sie sich ihres Rechtes bewusst, kränklich zu sein und nicht mehr viel auf ihr Äußeres zu geben.

Man setzte sich auf der Veranda zur Abendmahlzeit nieder an den Tisch, über den das rote Abendlicht hinflutete und der Seewind an dem Tischtuch und den Servietten zerrte. Das machte die Gesellschaft schweigsam, so das Meer vor sich war es, als sei man nicht allein, nicht unter sich.

»Ich habe mir das Meer größer gedacht«, erklärte Wedig endlich.

»Natürlich, mein Sohn«, meinte die Generalin. »Du willst wohl für dich ein Extra-Meer.«

Frau von Buttlär lächelte gerührt und sagte leise: »Er hat so viel Phantasie.« Fräulein Bork sah Wedig schief durch ihren Kneifer an und meinte: »An die Phantasie des Kindes reicht selbst das Weltmeer nicht hinan.« …

Das Abendlicht legte sich jetzt plötzlich ganz grellrot und unwahrscheinlich über den Tisch und Fräulein Bork schrie auf: »Seht doch!« Alle fuhren mit den Köpfen herum. An dem blassblauen Himmel standen riesige kupferrote Wolken und auf dem dunkelwerdenden Meer schwamm es wie große Stücke rotglänzenden Metalls, während die am Ufer zergehenden Wellen den Sand wie mit rosa Musselintüchern überdeckten. Wedig blinzelte mit den roten Wimpern und verzog wieder sein Gesicht, als schmerzte es ihn. »Das ist allerdings rot«, meinte er. Die Generalin jedoch war unzufrieden: »Sie haben mich erschreckt, Malwine, Sie haben eine Art, auf Naturschönheiten aufmerksam zu machen, dass man jedes Mal zusammenfährt und glaubt, eine Wespe sitze einem irgendwo im Gesicht.«

Die Mahlzeit war zu Ende, die Mädchen und Wedig stellten sich an die Verandabrüstung, um auf das Meer zu starren. Frau von Buttlär hüllte sich fester in ihr Tuch und sprach mit leiser, besorgter Stimme von ihren häuslichen Angelegenheiten.

Die gewaltsamen Farben am Himmel erloschen jäh. Die farblose Durchsichtigkeit der Sommerdämmerung legte sich über das Land und das Meer, jetzt lichtlos, schien plötzlich unendlich groß und fremd. Auch das Rauschen war nicht mehr so geordnet eintönig und taktmäßig, es war, als ließen sich die einzelnen Wellenstimmen unterscheiden, wie sie einander riefen und sich in das Wort fielen. Klein und dunkel hockten die Fischerhäuser auf den fahlen Dünen, hie und da erwachte in ihnen ein gelbes Lichtpünktchen, das kurzsichtig in die aufsteigende Nacht hineinblinzelte. Auf der Veranda war es still geworden. Das seltsame Gefühl, ganz winzig inmitten einer Unendlichkeit zu stehen, gab einem jeden für einen Augenblick einen leichten Schwindel und ließ ihn stillehalten, wie Menschen, die zu fallen fürchten.

Gerhart Hauptmann

Auf dem rastlosen Ozeandurchpflüger

In Southampton besteigt Friedrich von Kammacher von einem kleinen Salondampfer aus den Ozeandampfer »Roland«, der ihn nach New York bringen soll. Dieser Roman spielt im Jahr 1892, und darin zeigt sich der junge Arzt beeindruckt vom stählernen Wunderwerk der Ingenieurskunst.

Rings um den kleinen Dampfer presste sich dicke Finsternis. Die Hafenlichter waren verschwunden. Die Nussschale mit dem gläsernen Pavillon fing beträchtlich zu schaukeln an. Dabei pfiff und heulte der Wind durch die Fugen. Zuweilen zwang er den kleinen Dampfer stillezustehen. Plötzlich schrie die Dampfpfeife mehrere Mal, und wiederum ging es mit irgendeinem Kurs weiter ins schwarze Dunkel vorwärts.

Das Klappern der Fenster, das Beben des Schiffskörpers, die gurgelnde, unterirdische Wühlarbeit des Propellers, verbunden mit den plärrenden, pfeifenden, heulenden Tönen des Windes, der das Schiff auf die Seite legte: dies alles zusammen erzeugte in den Reisenden einen Zustand äußerster Unbehaglichkeit. Immer wieder, als wenn es nicht aus noch ein wüsste, stoppte das Dampfboot, ließ den spitzen und gellenden Laut der Pfeife ertönen, den mitunter die wilde Bewegung des schwarzen Luftmeers so völlig erstickte, dass er nur noch wie das hilflose Hauchen einer heiseren Kehle klang – und ging dann mitunter rückwärts, mitunter vorwärts, bis es wiederum ratlos liegenblieb, vom Schwall der Wogen gedreht und emporgehoben, scheinbar verloren und versunken in ewiger Finsternis.

Mit einem Male erdröhnte es dann, quirlte das Wasser, ließ gewaltig zischende Dämpfe aus, pfiff, schrecklich und angstvoll, einmal, zweimal – Friedrich von Kammacher zählte siebenmal – und hatte plötzlich seine höchste Geschwindigkeit, als ob es dem Satan entlaufen wollte – und jetzt, auf einmal, wandte es sich und lag vor einer gewaltigen Vision, unter einer Fülle von Licht.

Der »Roland« war bei den Needles angelangt und hatte sich vor den Wind gelegt. Im Schutze seiner mächtigen Breitseite schien das Dampferchen wie in einen taghell beleuchteten Hafen gelangt. Der Eindruck, den die überraschende Gegenwart des gewaltigen Ozeanüberwinders in Friedrich hervorbrachte, glich einem Fortissimo von höchster Kraft.

Noch nie hatte Friedrich vor der Macht des menschlichen Ingeniums, vor dem echten Geiste der Zeit, in der er stand, einen gleichen Respekt gefühlt wie beim Anblick dieser schwarz aus dem schwarzen Wasser steigenden riesigen Wand, dieser ungeheuren Fassade, die aus endlosen Reihen runder Luken Lichtströme auf eine schäumende Aue vor dem Winde geschützter Fluten warf.

Matrosen waren damit beschäftigt, an der Flanke des »Roland« die Fallreeptreppe herunterzulassen. Friedrich konnte bemerken, wie oben an Deck, wo sie mündete, zum Empfange der neuen Passagiere bereit, eine zahlreiche Gruppe uniformierter Schiffsbediensteter stand. Während nun jeder im Innern des kleinen Salondampfers, von plötzlicher Hast ergriffen, sich seines Gepäcks versicherte, beherrschte den jungen Arzt das ganze Ereignis mit der Kraft der Erhabenheit. Es war nicht möglich, angesichts dieser gigantischen Abenteuerlichkeit die Überzeugung von der Nüchternheit moderner Zivilisation aufrecht zu halten. Hier wurde jedem eine verwegne Romantik aufgedrängt, mit der verglichen die Träumereien der Dichter verblassten. …

Er wurde allein in einer Kabine zu zwei Betten untergebracht, und bald darauf saß er, aufs Beste bedient, an dem einen Ende der hufeisenförmigen Tafel im Speisesaal. Man aß und trank, aber es ging, da das eigentliche Diner schon vorüber war, nicht sehr lebhaft zu in dem niedrigen, weiten, leeren Raume, unter der kleinen Gesellschaft der Nachzügler, weil jeder ermüdet und hinreichend mit sich selber beschäftigt war.

Während des Essens wurde es Friedrich schwer, sich vorzustellen, dass er nun wirklich auf der Fahrt nach Amerika, ja überhaupt auf einer Fahrt begriffen war. Das kaum bemerkliche leise Erbeben des Gebäudes, in dem er war, erschien zu gering, um als Begleiterscheinung einer Fortbewegung gedeutet zu werden. Es kam ihn, als er seiner Gewohnheit gemäß einige Gläser Wein zu sich genommen hatte, eine Empfindung ruhevollen Behagens an, ein wohliger Zustand der Erschöpfung. Wie wunderlich, dachte er, im sicheren Vorgefühl eines festen Schlafs, dass ich seit Wochen, ja Monden zum ersten Mal gerade hier, auf diesem rastlosen Ozeandurchpflüger, Stunden der Ruhe und der Entspannung finden soll.

Theodor Däubler

Die Seligkeit des Seedaseins

Charlotte stürzte herein.

»Weißt du, Mama«, rief sie, »dass wir fahren? Ganz langsam, denn die Lagune ist voller Schiffe. Es schaukelt sogar schon ein wenig.«

Es schaukelte gar nicht: die Lagune war still wie ein See. Aber Charlotte bildete es sich ein, weil sie wollte, dass es schaukle.

Fast gewaltsam führte Charlotte ihre Mutter, die eigentlich gar keine Lust mehr dazu verspürte, hinaus. Sie nahm sie bei der Hand, zog sie die breite Treppe hinauf, die vom Kabinendeck zum Salondeck führte, und brachte sie auf den oberen Promenadenumgang. Es war auch hier bereits still. Nur einige wenige Passagiere saßen lesend im großen Speisesaal, denn der Rauchsalon war schon geschlossen worden. Es mochte fast zehn Uhr abends sein. Man konnte das auch an den Lichtern der Stadt erkennen, denn während das Schiff nun langsam die Riva degli Schiavoni entlang glitt und sich den Wohnquartieren näherte, die in der Gegend der königlichen Gärten liegen, sah man von Bord in halbdunkle Straßen und schwarze Höfe hinein. Bald konnte man nur noch die Lichter unterscheiden, die in der Lagune den Weg wiesen. Ein ganz leiser Wind, der von den Alberoni herwehte und in dem der Duft der Lidogärten war, schaukelte sanft die Leuchtbojen. Ihr Schein fiel ins Wasser, schlängelte sich zwischen zarten Wellenketten heran und schien so von Ufer zu Ufer zu wandern.

»Es ist, als ob man schwebte«, sagte Charlotte zu ihrer Mutter. »Ich spüre es deutlich, dass unter uns die Tiefe ist, und dass wir von etwas zart Bewegtem getragen werden. Du nicht auch?«

Maja fand, dass der »Quirinale« sehr ruhig seinen Weg durch die Lagune zog. Aber sie wollte Charlottens Phantasien nicht stören und sagte: ja.

»Hast du schon jemals gelesen«, fuhr Charlotte fort, »dass ein Mensch begeistert von einer Eisenbahnfahrt erzählt? Ich nicht. Aber Schiffsreisen – wer das erlebt hat, der hat's auch begeistert beschrieben. Und ich glaube, das hängt nicht nur mit den schönen Aussichten zusammen, die man auf Seereisen hat. Schöne Aussichten gibt's auch auf der Bahn. Auch gar nicht mit den Bequemlichkeiten, denn die tun zwar wohl, aber sie begeistern nicht. Was begeistert, Mama, das ist das Schweben! Du siehst den Himmel. Aber du weißt nicht, wo er endet. Du siehst das Meer, aber du weißt nicht, wie tief es ist. Und zwischen diesen beiden ungewissen Unendlichkeiten gehst du auf schwankendem Boden und meinst Flügel zu haben.«

Es war nun wirklich ein ganz klein wenig Seegang herangekommen. Der Dampfer zitterte etwas stärker und bewegte sich auch. Maja und Charlotte, die Arm in Arm auf und nieder gingen, fühlten sich manchmal leicht emporgehoben, und einmal wurden sie sogar gegen ihren Willen an das Geländer gedrückt.

»Es muss stürmisch sein draußen!«, sagte Charlotte. »Wenn es schon in der Lagune so bewegt ist!« …

Sie war bisher während der Reise der See noch nie so nah gewesen: die Decks der ersten Klasse schwebten so hoch über dem Meer, dass man's von dort wie aus Möwenschau betrachten musste. Hier, an Vorderbord, unter dem Arbeitszeug und den Matrosen, spürte man seine Nässe, seinen Geruch, seine Bewegung.

Charlotte hörte und fühlte, wie der »Quirinale« seinen breiten schwarzen Schnabel rauschend in die regelmäßigen Wellen tauchte, die ein leichter Westwind Band um Band herantrug. Es war ein harter Schnitt, mit denen der Schnabel die Wellen zeichnete. Und alsogleich folgten sie seinem Gesetz, zerteilten sich in der Richtung seiner Fahrt, umschwangen ihn, pfeilförmig gerundet, wie Riesenblätter einer Wasserpflanze und blühten im Schaum, der sich als leuchtender Kranz um den Schatten des Schiffes legte. Wirklich, es war, als ob der Dampfer Blumen streuend durch das Frühlingswetter führe: Blumen der Meerwiese, Blumen, die der Wind zerpflückte, an denen die Sonne sog, die auf kobaltenem Boden emporschossen. Aber sie verblühten rascher als Mohn in den Wellentälern, aus denen sie emporgeschossen waren.

Charlotte hörte, wie das Wasser an der Bordwand herunterrann. Sie atmete den Atem der See. Sie sah hinaus in die glitzernde Unendlichkeit, die sich den Horizonten zu rundete. Ja, das war Reisen! Sie träumte noch einmal alle ihre Schiffsträume und die Seligkeit des Seedaseins; sie lebte noch einmal in all den tausend Vorstellungen und Bildern, mit denen das Meerwesen sie erfüllte. Es konnte keine schönere Reise geben als diese!

Oskar Loerke

Vor Kap Finisterre, Galicien

Donnerstag, den 23. April 1914

Es wurde gestern bis an den Abend klarer. Nur kurz nachmittags breitete sich ein jäher Nebel aus. Weiß, gestaltlos zog es sich hinter dem Schiffe zusammen. Manchmal schwarz wie ein schwarzer Kern ein anderes Schiff darin, wie etwas, was zugehörig sich darin bewegte. Das Wasser war perlgrau bis schwarz. Die Temperatur sank so, dass man ganz gut einen Mantel gebrauchen konnte. Der offene Ozean wurde bis zum Abend immer spürbarer. Die breiten Dünungsflächen bei scheinbar unbewegter See rückten in atmenden Abständen immer wieder heran und hoben das Vorderteil und Heck wohl ganz gut einen Meter hoch. Heute, da wir aus dem Golfe heraus sind, ist es weit ruhiger, eine Bewegung knapp spürbar, allerdings ist die Faltung der Oberfläche weit größer.

Nach dem Abendessen war das Heraustreten an Bord überwältigend. Die Kuppe des Himmels hatte sich völlig geklärt, in einer zinnoberroten Lache stand groß der Abendstern, und über dem Meere waltete ein schwarzer, undurchdringbarer Dunstgürtel. In überstürzender Eile kamen die Sterne, voll und sehr hell. Der Orion watete mit dem einen Beine tief in jenem Dunste. Hinter ihm her ging der Sirius auf und warf einen breiten, intensiven Widerschein über das Wasser. Ich stand mit dem Kapitän an der Reling, wir sprachen. Es sei schlechtes Wetter nicht ausgeschlossen. Die Sterne stünden so tief herab. Dagegen spräche aber der breite Schaum ums Schiff, der bliebe. Bei Aussicht auf Witterungsumschlag verliefe er sehr schnell. Etwas später begann das Meer zu leuchten. Sah man dicht neben dem Buge hinab, so schwammen da wilder die eingestreuten Funken, die etwas ferner aufkommenden Wellen waren wie Quecksilber. Wir gingen auf das Hinterteil des Schiffes. Die große Rudermaschine lag in ihrem Haus mit vergitterten Türen im gelben Schein von ein paar Glühbirnen, röchelte und polterte und warf ihre großen, mathematischen Stiele hin und her, nach Öl duftend, manchmal quoll ein leichtes Rauchwölkchen heraus. Draußen aber hing die Sternentraube tief über das Gestänge und das Heck hob sich sehr hoch und senkte sich tief. Eine breite, quirlende, silberne Straße verlief dahinter gegen die Milchstraße zu, phosphoreszierend und mit jenen Goldflittern untermischt. Ab und zu die Lichter eines Schiffes. Oben die Straße des schwarzen Rauches in der Milchstraße, aber die Sterne, die hellsten wenigstens, blieben dennoch. …

In der Nacht war es ganz lau. Nach dem warmen Seewasserbade herab. Im Sonnenschein ganz nahe standen die spanischen Berge. Wir waren vor Kap Finisterre. In herrlichen Linien verlaufen die Berge, mäßig hoch, die Ausläufer der Pyrenäen, Galicien. Selig hellgrüne bis hellblaue Flut davor, Möwen darüber, Sonnenduft, Wärme. Die Möwen, ohne mit den Flügeln einmal zuzuschlagen, streifen die Höhe des Bergzugs herunter, bedecken mit gebreiteten Flügeln zwei, drei Kuppen. Hier ist das Meer ein Tanzsaal für selige Geister. Seine Tiefe an dem Morgen 1200 Meter, am Mittag 2600 Meter, und gegen Abend werden wir 3600 Meter Wasser unter uns haben. Man möchte schwindlig werden, wenn man es sich deutlich vorstellte.

Der Himmel war wolkenlos, durchsichtig grün, erst beim Einbrechen des vollen Tages hob sich über dem Gebirge eine Wolke auf und wurde dann eine flaschengelbliche Reihe. Die tanzenden Wellen, die sich gegen die Sonne neigen und beugen, sind in ihrem Aussehen eine Sonne selbst.

Victor Auburtin

Ionisches Meer

Wie ich frühmorgens das Fenster meiner Schiffskabine öffne, sehe ich dicht vor mir, so dicht, dass man hinüberschwimmen könnte, eine kleine grasbewachsene Insel. Auf der Insel steht, still und aufrecht, ein Hirt, und seine Herde schwarzer Ziegen weidet bis zum Wasser herunter.

Diese Insel, der Hirt und die Herde – das sind die ersten griechischen Dinge, die ich in meinem Leben mit eigenen Augen sehe. Und besser konnte es gar nicht anfangen.

Die hohen Schneeberge, die da hinanragen, das ist das Gebirge Akrokeraunos. Akrokeraunos … man wiederhole sich das gewaltige Wort; *akros* die Bergspitze, *keraunos* der einschlagende Blitz.

Der Sprachreiniger würde es also wohl mit Gewitterberge übersetzen. Aber das griechische Wort ist schöner; es donnert mehr darin.

Korfu. Mindestens drei Stunden Aufenthalt. Der Himmel ist leicht bedeckt, doch kann man sich schon – am 21. Januar – in den Liegestühlen herumräkeln.

Wir löschen Kühe und Automobile.

Zu diesem Behufe kommen vom Lande ungefüge Leichterkähne heran, und in die Kähne werden nun jene beiden Bedarfsartikel mit Seilen hinabgelassen.

Dabei ergibt sich die Beobachtung, dass ein Automobil trotz

aller seiner technischen Verfeinerungen viel dümmer ist als eine Kuh. Das Automobil dreht sich in der Luft, schlägt gegen die Wand des Schiffes und weiß offenbar gar nicht, was das alles bedeuten soll.

Der Kuh wird ein Seil um die Hörner geschlungen, sie fliegt hoch und senkt sich in den Kahn, als hätte sie es sich vorher eingeübt. Der Kapitän schreit, die Kahnführer schreien, die Stewards schreien, nur die Kuh schreit nicht, obgleich sie vielleicht den meisten Grund dazu hätte.

Diesem wirtschaftlichen Vorgang sehe ich nun schon zwei Stunden zu, vor der Insel der Phäaken. Eigentlich wollte ich hier den sechsten Gesang der Odyssee lesen, den schönsten Gesang dieses Buches und eine der sonnenvollsten Sachen, die Menschen gedichtet … und ergebe mich nun doch dem Augenblick und dem heiteren Glück der Stunde.

Das stumpfblaue Wasser ist so klar, dass man unter den schaukelnden Schiffen hinwegsehen kann. Und die ionischen Möwen kreischen.

Alfred Mombert

Ich lag auf dem Meer

Ich lag auf dem Meer, über mir wälzte sich das Licht.
Ich sah: von einer glänzenden Klippe
Banden weißer Vögel aufschwirren.
Ich schleuderte ein Seil, sie einzufangen.
Weiße Tiere, Traum, Phantasie und Meer.
Weiße Tiere: ewige Glanz-Wiederkehr.

Karl Mayer

Erinnerung an die Ostsee

Nach sanftem Steigen steh ich oben!
Was ragt denn dort so steil erhoben?
Wie blaut dort fern – doch so gerade? –
Ein lang Gebirg vor meinem Pfade!

Gebirg? Die Augen muss ich reiben:
Wie soll den Anblick ich beschreiben?
Nicht Berge sind's, wovon ich spreche;
Nie sah ich diese Pracht von Fläche.

Die hohe See! Des Wortes Wahrheit
Dringt mir ans Herz mit lichter Klarheit.
Das Meer, das blaue, still besonnte,
Rafft mich empor zum Horizonte.

Rainer Maria Rilke

Die Insel

Nordsee

I

Die nächste Flut verwischt den Weg im Watt,
und alles wird auf allen Seiten gleich;
die kleine Insel draußen aber hat
die Augen zu; verwirrend kreist der Deich

um ihre Wohner, die in einen Schlaf
geboren werden, drin sie viele Welten
verwechseln, schweigend; denn sie reden selten,
und jeder Satz ist wie ein Epitaph

für etwas Angeschwemmtes, Unbekanntes,
das unerklärt zu ihnen kommt und bleibt.
Und so ist alles was ihr Blick beschreibt

von Kindheit an: nicht auf sie Angewandtes,
zu Großes, Rücksichtsloses, Hergesandtes,
das ihre Einsamkeit noch übertreibt.

II

Als läge er in einem Krater-Kreise
auf einem Mond: ist jeder Hof umdämmt,
und drin die Gärten sind auf gleiche Weise
gekleidet und wie Waisen gleich gekämmt

von jenem Sturm, der sie so rau erzieht
und tagelang sie bange macht mit Toden.
Dann sitzt man in den Häusern drin und sieht
in schiefen Spiegeln was auf den Kommoden

Seltsames steht. Und einer von den Söhnen
tritt abends vor die Tür und zieht ein Tönen
aus der Harmonika wie Weinen weich;

so hörte ers in einem fremden Hafen –.
Und draußen formt sich eines von den Schafen
ganz groß, fast drohend, auf dem Außendeich.

III

Nah ist nur Innres; alles andre fern.
Und dieses Innere gedrängt und täglich
mit allem überfüllt und ganz unsäglich.
Die Insel ist wie ein zu kleiner Stern
welchen der Raum nicht merkt und stumm zerstört
in seinem unbewussten Furchtbarsein,
so dass er, unerhellt und überhört,
allein

damit dies alles doch ein Ende nehme
dunkel auf einer selbsterfundnen Bahn
versucht zu gehen, blindlings, nicht im Plan
der Wandelsterne, Sonnen und Systeme.

Gertrud Kolmar

Travemünde

Über uns Abend: schwaches Rosenflehn.
Unter uns Sand. Tote Muscheln. Tang.
Um uns Wind in finsterer Mäntel Wehn
Und Meergesang.

Unsere Nüster sog, die Lippe sann
Ruch von Salz und See und Nichtmehrsein,
Da das Wasser gnadelos hinverrann,
Bleich am Strande traurige Fische schrein.

Seine Lieder troffen von Ewigkeit,
Seine Stirnen schäumten glasiges Licht,
Seine Augen schauten, leer und weit,
Sinkender Welt Gesicht.

Unser zarter Tag entzitterte welk,
Hing wie Fledermäuse im Winterschlaf
Mit erstarrten Träumen am Gebälk
Schwarzen Leuchtturms. Und das Murmeln traf

Unsere Seelen, wallte, wurde groß
In der Brust dir, die umwuchert schwand
Unter Algenhaaren, nachtgrünem Moos.
Und du rührtest mich mit kühler Hand

Stillen Meeres …

Friedrich Adler

Auf Rügen

Unten schäumt das Meer empor,
hier zu meinen Füßen
springt ein Quell aus moosigem Tor,
froh, den Tag zu grüßen.

Und die junge Welle blitzt
auf im Sonnenstrahle,
überstürzt und überhitzt
hastet sie zu Tale.

Fast mit einem einzigen Blick
kann ich übersehen
ein vollendetes Geschick,
Werden und Vergehen.

Lange oder kurze Bahn,
arme oder reiche –
In dem weiten Ozean
ist die Ruh' die gleiche.

Else Lasker-Schüler

Am Meer

Auch das Meer war einmal vom Körper umfangen gewesen, bevor es losbrauste. Das Meer ist die weite strömende, der Welt »gebliebene« Seele. Das Meer ist von dieser Welt. Aber der Geist Gottes schwebt über seine Wasser. Wir tauchen in das heilige Element und erlösen uns von aller Erdenschwere. Schiffe gleiten über den Ozean von Erdteil zu Erdteil. Man möchte immer das seligbrausende Gewässer anbetend umarmen. Eine Erlösung sondergleichen, sich der Welle hinzugeben; Hochzeit feiert das Geschöpf mit dem Meer. Bewundernd blicke ich über die feierlich perlengeschmückte, rauschende Tafel. – Nun ist es Nacht, das ewige Wasser aber leuchtet silbern wie mein befreites Herz. Weit breite ich die Flügel aus und weiß nichts mehr als: Schweben – Vogelsein! Unter mir schlägt eine Welle, eine grollende Nachtigall erschütternd ein Lied. Heerscharen weißgegürteter Wasser stürmen an den Strand; uminseln mich. Ich habe mich gefunden!! Wer ist bei mir? Denn ich bin ein Ruheort. – Ich frage nicht, wer Lust und Schmerz aus meinem Herzen schöpfte und aller Eigenschaften Ranken pflückte. So trage ich mich leicht dahin; zurück fall ich entlastet neugeboren in die Welt. Hier bleibe ich! Am Strand der rauschenden Genügsamkeit. – Wie meine Mutter starb, zerbrach der Mond. Noch einmal trennte Er, der Herr, das Wasser von dem Land. Es blitzt! Feurige Worte schreibt der glühende Zickzack auf die finstere Seide des himmlischen Bilderbuchs, ein Menetekel an die Westwand der Welt. Gott rollt durch die Welt!! Sein roter Initiale hat mich getroffen, erleuchtete mich und erlosch im Meer. – Weißt du noch um Mitternacht am liebenden Meeresstrande? Ich weigerte mich, aufs strömende Geschmeide spät mit dir zu segeln. Der Sterndeuter hatte vor der schwarzbestrahlten Stunde zwischen Nacht und Nacht des Uranos mich streng gewarnt. Wir aber segelten vergessen durch die ewige Liebesflut. »Tuuh!« Das ist das Nebelhorn … »Tuuh!!« Wie der Feldvogel über dem Korn schreit, immer wieder der bange, gelbe Ton über dem rieselnden finsteren Weizen des Meeres. Wir waren taumelnd mit dem großen Gewässer ins Netz des Nebels geraten. Als es hell wurde, eiltest du weiter in die Welt; ich aber blieb auf dem Steg und labte mich an der frischen, veredelten Blume des grünschäumenden Ozeans. Nie duftet sein Wasser so herbe wie in aller Gottesfrühe. Muschel und Salz und Alge und Seestern mischen sich, und der Fisch gibt vom Perlmutter seiner Schuppe zum Most.

Arnold Masarey

Urblau

Bis gestern wogte noch die Flut in lichten Farbenspielen um uns her, und jede Stunde bot ihr eigenes, flüchtig buntes Pfand.

Seit heute aber strahlt das Meer in einem einzigen, ungeheuren Blau, wie ich noch keines jemals sah! – In steifem Pathos tragen es die Wogen über See daher, wie wenn ihr Wallen unter seiner namenlosen, blauen Last schwerflutender und wuchtiger als sonst, – das Wasser selber sonderbar dickflüssig, feurig zäh geworden wäre!

Selbst das große Brausen ihres Schlags hat sich zum dunklen, grundgelassenen Choral vertieft, darüber die Gischtschleier nur noch leis gedämpft versprühen.

Ohne Blendung kann das Auge stundenlang im Labsal seiner träumerischen Milde weilen, denn das flammende Gestrahl ist allenthalben wie durch eine seltsam innerliche Weichheit, eine unfassbare Ahnung von betörend süßer, veilchenfarbener Verschattung zugedeckt.

Das ist nicht mehr gemeinhin »Blau«, noch gar ein eigentliches »Violett«, wie ich es schon von Himmel- und von Erdenbuntheit weiß, – das ist ein neues, niegekanntes, urgeheimes Wunder, – ist, in einem einzigen, überwältigenden Strahl vereint, der hallend vollste Strom und Klang, – Anfang und Ende allen Weltenblaus und -violetts und -purpurs!

Fruchtlos suche ich nach seinem Namen und Begriff und heiß es schließlich doch nur »Blau«, – »Violenblau« und »Urblau«, –

wohl bewusst, dass meine Sprache kaum den schwächsten Hauch von seinem eigentlichen, unnennbaren Wesen geben kann!

Denn überall, soweit das Auge reicht, – dem Lichte zu- und abgekehrt, – vor uns und hinter uns in unserer Trift, – ist es dasselbe, eine, reif vollendete Violenblau, das nirgends sich zu seiner Sättigung an fremden Gegensätzen zu erhitzen braucht: – nicht an dem lichtern Blau des Himmels, – nicht am grellen Weiß des Schaums und nicht am nahen Schwarz und Scharlachrot der Schiffswand!

Selbst in den durchsichtig dünnsten Schwaden hochgehobener Wasser ist es nicht um einen einzigen Farbtropfen anders, – dünner, – heller, als im tiefsten Grund und Überhang der Wellentäler.

Kein Geglitzer, kein Gespiegel, kann die allgewaltige Einheit »Blau« zerreißen, sondern wirkungslos versickert nah und fern die Strahlenkraft der Sonne, – wird verschluckt und unverweilt in seinen nimmersatten Schlund vergraben.

Ja, dort unten in den unermesslichen, geheimen Gründen ist der eigentliche Quell von all der Brunst!

Von dort seh ich bei jedem Wogenschlag die blaue Lohe wundersam verwandelt und entfacht als neue, starke Flamme an das Tageslicht aufschwelen, – immerzu von unten her die obern Wellenlagen speisend und durch sie hindurch das Feuer unerschöpflich in den offenen Weltenraum hinaus vergeudend.

Urblau, – du, meiner Meerfahrt letzter, feierlichster Überschwang und Zauber!

Du alleinziges, – du herrlich-herrliches Violenblau!

Mein ganzes Leben sinne ich zurück, ob ich nicht doch einmal ein solches Blau schon sah.

Ich denke an die duftigsten, an die hinreißend stärksten, die es gab.

Doch nicht im Himmelsraum, nicht über den Gebirgen, Ebenen und Wassern festen Lands, – in keinem Tag, – in keiner Nacht, – war je ein Blau so träumend sanft gesättigt und so strömend klar, – so finster flammend und so lauter hell zugleich wie das Violenblau des Meers!

Nur eines wüsste ich, das ihm vielleicht noch glich: – der Glutenschauer in geheimnisvoll verschlungenen Rosetten alter Kirchenfenster, der mir schon in frühster Kindheit Traum und Andacht war!

Dort, wo das Blau und Violett beinah nicht mehr vom farbverlorenen, schwarzen Strahl zu lösen war, – dort, in den tiefsten, weihevollsten Finsternissen regte sich manchmal ein heißes, heiliges Glänzen, das mich gleich erschüttern und verklären konnte, wie das Urblau auf dem Tropenmeer.

Damals war es ein Funke nur aus winzigem Kristall, – ein scheues Leuchten nur aus köstlich enger Scherbe, aber heute liegt das blaue Wunder unermesslich weit und groß von Horizont zu Horizont gebreitet, alle Regung, allen Schall und alles Licht der Welt in seiner unaussprechlich süßen, trunkenen Schwermut einend!

Thomas Wolfe

Ein Besuch aus einer neuen Welt

Immens und plötzlich und mit der abrupten Nahheit, der teleskopischen Magie, mit der sich Dinge im Traum ereignen, erschien der englische Dampfer an der Küste Frankreichs; er kam näher und ragte auf mit der eigenartigen Unvermitteltheit, mit der mächtige, riesenhafte Gegenstände, die sich mit großer Geschwindigkeit fortbewegen, näherkommen und aufragen; man hatte nicht das Erlebnis der Anlaufbewegung, des allmählichen, zunehmenden Größerwerdens, es war vielmehr so, dass das Bild des Dampfers von einer Größe übergangslos in eine andre verschmolz, so, wie manchmal im Kino die Gesichter der Menschen auf der Leinwand aus der Normalgröße in einer Kette von schnellen Überblendungen in Großaufnahme übermächtig eindrucksvoll vor den Zuschauer gebracht werden, ruckweise, schussweise, so, wie der Geist aus der entstöpselten Zauberflasche im Märchen.

Zunächst sah man nur das ruhige, endlose, abendliche Meer, die angenagten Landzungen Europas und das Land selber mit seinen üppig-grünen Hängen, den Streifenmustern seiner bis zum letzten Eckchen angebauten Erde, seinen altmodischen Festungswerken und seiner Stadt, der Stadt Cherbourg, die, von diesem Blickpunkt gesehen, wie ein dichtes Baugefüge aus altem Kalk am Fuß einer Küsteneinzahnung lag.

In westlicher Richtung dann, ein klein wenig nach Westsüdwest abgerückt, gegen den schon verdunkelten Umriss des Vorgebirgs gesehen, erschien die lange, schwarze, niedrige Rauchfahne, die anzeigte, wo das Schiff fuhr. Es kam schnell näher, der Rumpf wurde breiter, zuerst war das Schiff ein Tüttel gewesen, ein Klecks, ein körperliches Etwas, ein winziger, kaum merklicher Punkt in der Ruhe und Unermesslichkeit des Abendmeers, und nun war es schon da und glitt sacht herein hinter dem altmodischen Hafendamm und bewohnte und beherrschte das Weltall mit der Gegenwart seiner sechzigtausend Tonnen so sehr, dass der weite Rahmen aus Himmel, Meer und Erde, in dem es zuvor nur ein unauffälliges, wenn auch lebendiges Zeichen gewesen war, jetzt nur noch die Staffage für seine Großartigkeit abgab.

Und nun genau im Augenblick der Ankunft lag die Sonne auf der westlichen Woge wie ein Ball aus verglühender Kohle; das uralte Licht fiel über See und Land ohne Heftigkeit und Hitze mit einem entrückten, überirdischen Glühen, das den zarten Ton von alter Bronze hatte. Dann tauchte die Sonne schnell ins Meer, und der unbewohnte Himmel brannte auf in einem heftigen, beinahe unerträglichen Glorienschein; das alte Sonnenlicht war verwelkt, und das Schiff war draußen vor dem Hafen und glitt nun sacht durchs Wasser und bog, Breitseite gegen das Land, in einer Schleife auf den Ankerplatz zu.

Der steile Wall aus Eisenplatten schien sich kaum noch im Wasser zu bewegen, es war so, als stünde das Schiff firmamentfest in den Fluten, unverrückbar wie das Vorgebirg und die Küste, aber vor dem mächtigen Bug rollte noch langsam das Land ab. Wasser schäumte lärmend in dicken Sturzsäulen aus den Seiten;

Seemöwen umflatterten in Schwärmen das Schiff und stießen heißhungrig und hart aufs Wasser mit krächzendem, unheimlichem Gekreisch. Dann lärmten die Anker, das Schiff stand. …

Das Schiff lag wie ein Wesen fremder Art in diesen Wassern, es hatte die Wirklichkeit des Magischen, jene Wirklichkeit, die so groß und lebhaft ist, dass man sie für unwirklich hält. Das Schiff war wunderbar und wahr, es lag wie eine magische Leuchte vor der trauervollen Küste; sah man es an, dann hätte man mächtig jubelnd aufschreien mögen; der Anblick des Schiffs war, wie wenn eines Mannes Geliebte ihm die Hände auf die Lenden legt.

Das Schiff lag nun festverankert im Wasser mit jener lebendigen Stille, die allen zum Fahren geschaffenen Dingen beim Stillhalten eignet. Es lag tatsächlich vollkommen still im Wasser, es lag so unverrückbar stet da wie die Landzunge der Hafenbucht, seine Flanke ragte stumm auf wie eine Klippenwand, man hatte das Gefühl, der große Rumpf aus Eisenplatten wäre fest in den Boden des Meeres gerammt, das ihn ruhig flutend umplätscherte und umbrandete – aber in jeder Linie dieses Dampfers stand die Geschichte von seiner Macht und Geschwindigkeit geschrieben, dieses Schiff glühte und pochte vom dynamischen Geheimnis des Lebens. Lesbar an ihm war die Geschichte von hundert Transatlantikfahrten, die Erinnerung an seltene Seen, an Sonnen, Monde und vielerlei verschiedene Lichter, an die Frühlingskünfte ferner Küsten, an den Wandel von Krieg und Frieden und an die vollendeten Dramen all seiner Reisen, charakterisiert durch die Phantome von mehreren tausend Passagieren, das Leben, den Hass, die Liebe, die Bitterkeit, die Eifersucht, die Intrigen von

Sechstagewelten, deren jede vollkommen in sich abgeschlossen war, Dramen also, wie sie nur auf einem Schiff spielen können, wie sie nur das Meer umgeben kann, wie sie nur auf der Erde beginnen und enden können.

Das Schiff glühte vom Glanz seiner strahlenden und leuchtenden Geschichte, und außerdem, es war buchstäblich ein Besuch aus einer neuen Welt, und der Reisegast aus der neuen Welt hätte ihm das auf den ersten Blick angesehen. Dieser Dampfer war ein paar Jahre nach dem Weltkrieg gebaut worden, und obschon es einzig und allein europäische Konstrukteure, Ingenieure, Navigatoren, Geschäftsleute und Diplomaten waren, die dieses Schiff geschaffen hatten, so war doch sein Geist, so war doch der Impuls, der sich in jeder seiner Linien ausdrückte, nicht europäisch, sondern amerikanisch. Meistens sind es Europäer, die diese Riesenschiffe bauen, aber ohne Amerika haben diese Riesenschiffe keinen Sinn, keine Bedeutung. Diese Schiffe sind geschaffen für das erhabenste, ekstatischste Erlebnis der modernen Welt, die Reise nach Amerika. Es gibt kein anderes Erlebnis, das auch nur entfernt mit diesem verglichen werden könnte, das die Freudigkeit, das Jubelhafte, die herrliche Hoffnungstrunkenheit hätte, diese Zuversichtlichkeit, die gegen alle Vernunft und alles Wissen in einen Himmel fabulöser Überzeugung stürmt, ans Wunder glaubt und es beständig wahr werden sieht.

In der weichen, ein wenig schlaffen Luft glüht das Schiff wie ein ungeheures, glänzendes Juwel. Alle Lichter brannten; sie brannten Reihe um Reihe schnurgerad über die dreihundert Meter Breitseite hin, sie brannten mit dem harten, kleinen Glitzern geschliffener Edelsteine; es war, als wäre die ungeheure, schwarze Klippenwand des Schiffsrumpfs mit Diamanten besät, und das erinnerte merkwürdigerweise an die glitzernden Hochhäuserklippen der fabulösen Weltstadt, die der Bestimmungsort dieses Schiffes war.

Hermann Broch

Wer aber Liebe sucht, sucht das Meer

Wenn ein braver Mann nach Amerika auswandert, dann stehen seine Verwandten und Freunde am Kai und winken dem Scheidenden mit ihren Taschentüchern. Die Schiffskapelle spielt »Muss i denn, muss i denn zum Städtle hinaus«, und mag man dies angesichts der Regelmäßigkeit der Ausfahrten auch als eine gewisse Scheinheiligkeit von Seiten des Kapellmeisters betrachten, so greift es doch vielen ans Gemüt. Spannt sich dann das Seil zu dem kleinen Schlepper, schwimmt dann der Ozeanriese auf dem dunklen tragenden Spiegel, dann tönt über das Wasser spärlich und verloren noch immer das blecherne Zirpen lustigerer Weisen, mit denen der besorgte Kapellmeister die Scheidenden aufzuheitern sich bemüht. Dann wird manchem klar, wie schütter die Menschen über die Erd- und Wasseroberfläche verstreut sind und dass es zwischen ihnen nur ganz dünne Fäden gibt, die von dem einen zum andern hinüberreichen. Wenn der Ozeanriese aus dem Hafen gleitet, das Wasser unter ihm farbloser wird und die Strömung des Flusses nicht mehr erkennbar ist und es gar aussieht, als hätte die Strömung sich gedreht und das Meer ströme in den Hafen hinein, dann schwimmt der Ozeanriese oft in einer großen Wolke unsichtbarer, dennoch gespannter Angst, sodass viele ihn zurückhalten wollen. An den Schiffen vorbei, die längs der rauchigen verwahrlosten Ufer liegen und ihre Krane rasselnd drehen lassen, unbestimmte Dinge zu unbestimmten

Zwecken ein- und ausladen, vorbei an den verwahrlosten Ufern, die flussabwärts mit staubigem Grün sich bedecken und in einer kargen Ländlichkeit endigen, vorbei schließlich an den Dünen, wo man den Leuchtturm schon sieht, wird der Ozeanriese gezogen, gefesselt an seinen kleinen Wächter wie ein Ausgestoßener, und auf den Schiffen und an den Ufern stehen Menschen, die zusehen, wie dies geschieht, die Hand heben, als wollten sie ihn zurückhalten, es aber doch bloß zu einem schwächlichen und steif unbeholfenen Winken bringen. Schwimmt er dann weit draußen, verschwunden fast sein Rumpf in der Linie des Horizontes, kaum mehr seine drei Schlote sichtbar, so fragt sich mancher, der von der Küste aufs Meer hinausschaut, ob das Schiff dem Hafen zustrebt oder in eine Einsamkeit hinausgeht, die der Mensch am Ufer nie erfassen kann. Stellt man dann fest, dass es den Kurs zur Küste hält, dann ist ein jeder beruhigt, als trage ihm jenes Schiff ein Liebstes zu oder wenigstens einen Brief, auf den er lange gewartet hat, ohne es zu wissen. Manchmal treffen sich dort draußen in dem lichten Nebel der Grenze zwei Schiffe und man sieht, wie sie aneinander vorübergleiten. Da ist ein Augenblick, in dem die beiden zarten Silhouetten ineinander verschwimmen und eins werden, ein Augenblick von zarter Erhabenheit, bis sie sich sanft wieder voneinander lösen, so still und sanft wie der ferne Nebel, in dem dies geschieht, und jedes für sich wieder seine Bahn allein weitergleitet. Süße, nie erfüllte Hoffnung.

Doch der, der draußen auf dem Schiffe ist, weiß nicht, dass wir um ihn gebangt haben. Er sieht kaum den schwimmenden welligen Streifen der Küste und nur wenn er wie von ungefähr den gelblichen Strich des Leuchtturmes errät, weiß er, dass hier am Land noch welche sind, die um ihn bangen und an seine Gefahr denken. Er versteht nicht die Gefahr, in der er sich doch befindet, ist sich nicht bewusst, dass ein hoher Wasserberg ihn von dem Meeresgrunde trennt, der Erde ist. Nur wer Ziele hat, fürchtet die Gefahr, denn er fürchtet um das Ziel. Er aber geht über die glatten Schiffsplanken, die wie eine Radrennbahn im Kreise um das Deck herumführen und die ebener sind als alle Wege, die er bisher gegangen ist. Wer auf dem Meere ist, hat kein Ziel und vermag nicht sich zu vollenden; er ist abgeschlossen in sich. Was in ihm möglich ist, ruht. Wer ihn liebt, kann es bloß tun für das, was er verspricht, für das, was in ihm liegt, nicht für das, was er erreichen wird oder erreicht hat; er wird es nie erreichen. Darum weiß der Mensch auf dem Lande nicht, was Liebe ist und hält seine Angst für Liebe. Der Seereisende aber erkennt dies bald und die Fäden, die sich von ihm zu denen am Ufer hinübergespannt hatten, reißen ab, noch ehe die Küste versinkt. Fast ist es überflüssig, dass der Kapellmeister ihn durch seine Weisen aufheitere, denn dem Seereisenden genügt es, die Hand über die glatten braunpolierten Hölzer und die glänzenden Messingbeschläge gleiten zu lassen. Die blinkende See spannt sich vor ihm; er ist zufrieden. Mächtige Maschinen treiben ihn und ihr Dröhnen weist den Weg, der nirgendshin führt. Der Blick des Seereisenden ist anders geworden, es ist ein verwaister Blick, der uns nicht mehr kennt. Was einst Aufgabe war, der Seereisende hat es vergessen, er glaubt nicht mehr an die Richtigkeit der Addition von Kolonnen, und wenn ihn sein Weg bei der Kabine des Telegraphisten vorbeiführt und er hört das Ticken der Apparate, so bewundert er wohl die Mechanik, aber er kann nicht begreifen, dass jener damit Botschaft vom Lande empfängt, Botschaft zum Lande sendet, und wäre der Seereisende nicht ein nüchterner Mensch, er meinte, dass jener mit dem Weltall spreche. Er liebt die Walfische und die Delphine, die das Schiff umspielen, und er fürchtet nicht die Eisberge. Aber taucht eine ferne Küste auf, so will er sie nicht sehen und er verkriecht sich vielleicht im Bauche des Schiffes, bis jene wieder entschwunden ist, weiß er doch, dass ihn dort nicht Liebe erwartet, nicht Gelöstheit und Freiheit, sondern gespannte Angst und die Mauer des Zieles. Wer aber Liebe sucht, sucht das Meer: er spricht vielleicht noch von dem Lande, das jenseits des Meeres liegt, aber er meint es nicht, denn unermesslich denkt er die Fahrt, Hoffnung der einsamen Seele, sich zu öffnen und aufzunehmen die andere, die im lichten Nebel auftaucht und einströmt in ihn, den Losgelösten, ihn erkennend als das Seiende, Ungeborene und Unsterbliche, das er ist.

Stefan Zweig

Am vielleicht schönsten Strand der Welt. Rio de Janeiro

Die kostbare, nachts mit tausend Lichtperlen leuchtende Kette der Strandboulevards beginnt eigentlich erst, sobald man die Avenida verlässt; die Praça Paris, von der sie ausgeht, ist gleichsam ihre kunstvolle Schließe. … Hier kann der Blick rasten und betrachten, was ihm beliebt. Die belebte Linie der Palácios und Hotels, die freie Bucht mit ihrem weißen Saum von Niterói und den Schiffen und Ferrybooten oder auf den Hügeln über den Häusern die weiße, noble, alte Kirche Nossa Senhora da Glória, die sich abhebt von den massigeren Hängen des wie eine Kulisse fern aufsteigenden Gebirges.

Schon glaubt er alles umfasst zu haben, dieser erste Blick, die ganze panoramische Schau, aber wie wenig erst hat er gesehen, wie viel erwartet ihn noch! Nach der Praça Paris verengert sich die Straße und drückt sich näher ans Meer als Avenida Beiramar und wird zur Praia do Flamengo. … Und wieder zwei Straßen, und man ist unvermutet in einer anderen Bucht, der Praia Vermelha, die so versteckt in einem Engpass zwischen den Felsen liegt, so abseits von den Wohnvierteln, dass ich Wochen brauchte, um sie zu finden. Und plötzlich ist alles wieder anders. Verschwunden die Stadt, verloren der Ausblick auf die Bucht. Keine Luxushäuser, kein Verkehr, keine Geschäftigkeit, nur Wellen und Fels und Strand und Stille. Unwillkürlich hat man das Gefühl, man sei am Ende seines Wegs, am Ende der Stadt.

Aber man ist nur bei einem neuen Anfang, bei einem der vielen Anfänge, mit denen diese Stadt immer wieder überraschend beginnt. Nur eine Straße und ein Tunnel durch den scheinbar weglosen Felsen, und man findet sich plötzlich am Badestrand von Copacabana, diesem Super-Nizza, diesem Super-Miami, an dem vielleicht schönsten Strande der Welt. Unglaubhaft wie es klingen mag, jedoch mit diesen fünf Minuten von Rio nach Rio befindet man sich an einem völlig anderen Meer, in einer anderen Luft, in einer anderen Temperatur, als wäre man stundenweit gefahren. Und was man am Strande von Flamengo und der Avenida Beiramar gesehen, war wirklich ein anderes Meer, weil nur das Wasser der völlig umschlossenen Bucht, das Meer allerdings, aber ein gebändigtes, gefesseltes, geschwächtes Meer, das keine Kraft mehr hat zu wilden Wellen und trotz aller Breite und Weite keine deutliche Flut und Ebbe mehr aus sich zu holen vermag. Hier aber in Copacabana steht plötzlich die umsprühte, vom Wind umschlagene Stirn gerade gegenüber dem Atlantischen Ozean, und man weiß und fühlt, dass Tausende Meilen weit bis hinüber nach Europa und Afrika nichts vor einem liegt als dies gewaltige Meer. Mächtig, grünschäumend wirft sich die Flut, Poseidons Gespann, mit den weißen Mähnen seiner Wasserrosse gegen den riesig breiten, hell leuchtenden Strand. Der Donner umbraust einem die Ohren, und so stark ist dieser anprallende Schlag, so mächtig der Atem des Atlantischen Riesen, dass die verstäubte Luft dampft von Jod und Salz. So stark und durchsättigt ist sie von Ozon, dass, verwöhnt von der sonst weichen und ein wenig schwülen Atmosphäre, viele Menschen es gar nicht vertragen können, an dieser ewig donnernden, ewig sprühenden Küste zu wohnen. Aber wie erfrischend darum! Mit fünf Minuten Fahrt ist es vier oder fünf Grad kühler geworden, und auch dies gehört zu den hundert Geheimnissen dieser Stadt, die nur der lang Ansässige wirklich meistert, dass hier von Ecke zu Ecke die Temperaturen sich merklich unterscheiden, dass im selben Wohnviertel die rückwärtige Straße heißer sein kann und die vordere kühl, die rechte windig und die linke windstill, nur weil sie in einem bestimmten Winkel zur Meerbrise liegt, oder weil andererseits diese Brise durch einen Bergvorsprung gehemmt wird. So ist zum Beispiel der Anfang von Copacabana, der Leme heißt, nicht so beliebt und nicht so fashionabel und kostspielig, obwohl er nur einen Kilometer weit entfernt liegt und scheinbar die gleiche Front zum Meere hat. Die Avenida Atlântica aber, die Front von Copacabana, ist der Luxusstrand. Er hat ein berühmtes Hotel, die obligaten Cafés, mit Zigeunermusik, ein Spielkasino und die breite Promenade, er hat seine eigenen – und darum etwas unbrasilianischen – Sitten. Hier allein sieht man wie in den europäischen und nordamerikanischen Sommerstationen Mädchen in Hosen, Männer in bloßem Sporthemd (was sonst streng verpönt ist und einem sogar den Einlass in einen Autobus verunmöglicht). Hier sitzt man im Freien in Restaurants und Cafés. Es gibt keine Geschäfte, keine Lastwagen, denn dieser Strand will allein dem Luxus, dem Vergnügen, dem Sport, der Promenade, den Farben, der Körperlust und Augenlust gehören. Er ist im letzten gewissermaßen die Luxuskabine für das gigantische Bad an dem riesigen Strande, der an manchen Tagen hunderttausend Menschen zusammenholt, ohne deshalb überfüllt zu sein. Manchmal hat man das Gefühl, als gehöre dieser Strand nicht zur eigentlichen Stadt; er sei nur ähnlich wie in Nizza, aber viel grandioser, einer arbeitenden, tätigen Millionenstadt zugunsten der Fremden und Luxusmenschen künstlich aufgesetzt worden und erst allmählich in das Leben, in den Organismus eingewachsen. In der Tat, vor zwanzig Jahren waren es kaum ein paar schüchterne Häuschen, die sich damals in die Sanddünen wagten. Aber seit man die Liebe zur Luft, zur Sonne, zum Wasser und die neuen Geschwindigkeiten des Automobils entdeckt, stellten ganze Quartiere sich mit unheimlicher Geschwindigkeit auf. Heute fährt man nach Copacabana so selbstverständlich wie in Wien in den Prater oder in Paris ins Bois, die vordem auch noch ein Ausflug und beinahe eine Reise gewesen. Wenn nicht das Herz, so ist Copacabana gewissermaßen die Lunge, durch die Rio atmet. Aber bei all seiner Schönheit ist eines symbolisch: dass man an diesem Strande sitzend oder stehend, Brasilien eigentlich im Rücken hat. Denn diese eine Avenida blickt – freilich über einen ganzen Ozean – nach Europa hinüber. Sie ist so neu-europäisch, wie die Avenida Rio Branco vor dreißig Jahren europäisch war, und es ist typisch, dass die Fremden und die Reisenden lieber an der Avenida Atlântica leben als die richtigen *cariocas*, die sich hier eher zu Gast als zu Hause fühlen.

Und wieder eine Kehre – hier muss der Fußgänger innehalten, es ist zu weit für einen Tag – und man meint auf Zauberflügeln plötzlich in die Schweiz getragen zu sein; da liegt, ein paar Dutzend Meter entfernt vom Strande, ein See, die Lagoa Rodrigo de Freitas, rings von Bergen umschlossen. An seinem flachen Rande hat sich mit unheimlicher Geschwindigkeit eine ganz neue Villenstadt angeschmiegt, aber über ihm halten die Berge Wacht, und des Nachts spiegeln sich ihre dunklen Konturen magisch in seinem schwarzen Metall. Aber nicht rasten! Nur einen Blick auf diesen Bergsee inmitten einer Metropole; noch ein anderer langer Strand, der von Ipanema und noch ein zweiter, der von Leblon, ist zu umfahren, wo noch die Häuser und die Palmen des Boulevards jung sind. Dann erst nähert die Avenue sich der offenen Natur, und es beginnt die Avenida Niemeyer, wie die Corniche der Riviera in und durch den Fels gesprengt, hart an dem immer felsiger, immer abrupter werdenden Strand sieht sie hinab auf das Meer, das hier unruhiger und gefährlicher sich gebärdet. Aber zur Rechten beruhigen schützend die Hügel, mit grünem Gestrüpp, mit Palmen und Bananen niedersteigend – es ist eine Fahrt voller Abwechslungen, ehe man bei Joá einen Hügel erreicht, der Rast und Überblick gewährt. Aufgetan die Bucht mit ihren Inseln und Felsen, aufgerollt das Panorama der fernen Berge, verschwunden hinter dieser farbigen Kulisse die Stadt – man ist im Freien, man ist am Ende! Aber wie lange noch? Ein Jahr? Ein Jahrzehnt? Denn schon werden am nächsten Strande, der Praia da Tijuca, die Grundstücke ausgemessen; wo Sand weiß und weich einem jetzt den Schuh füllt, wird bald eine neue Häuserfront sich gegen das Meer stellen – wer kann sagen, wo Rio enden wird, wo es wirklich innehält.

Alfred Polgar

Das Meer

Am schönsten ist das Meer im Kino. Entweder brandet es da, gegen ausgesucht zerklüftete Felsen schäumend, mit einer Gewalt, die das Herz bewegt, ohne den Magen zu erschüttern, oder es liegt in Abendruhe, indes ein sanfter Lichtschauer, vom Monde her, ihm über den Rücken läuft. In der freien Natur kommt das Meer nicht immer so tadellos vor.

Sein Anblick, dem sich die Begriffe: Unendlichkeit und Erhabenheit assoziieren, lenkt die Seele von den Kleinlichkeiten des Alltags ab, vorausgesetzt, dass man keine Sorgen hat, welche von dieser Ablenkung ablenken. Eigentlich stimmt das mit der Erhabenheit nur für Meer-Betrachtung von der Küste aus. Befindet man sich als Schiffspassagier auf dem Meer selbst, so wird die Vorstellung: »Meer« überdeckt von der Vorstellung: »Wasser«. Sozusagen: man sieht das Meer vor lauter Wasser nicht. Jedoch vom Ufer her genossen, übt das Meer stets und zuverlässig seine, oft beschriebenen, Wirkungen auf das Gemüt.

Weder die alle Natur vergewaltigende Technik noch die Wirtschaftskrise konnten dem Meer etwas anhaben. Eine Möwe wirkt noch immer schöner als das schönste Flugzeug, und der Reichtum des Meeres, wie es am zweiten, beziehungsweise fünften Schöpfungstage »mit allem, was darin ist« (seither sind noch Unterseeboote hinzugekommen) geschaffen wurde, überdauert die Erschütterungen des kapitalistischen Systems.

Von den Schönheiten des Meeres etwas Neues zu sagen, ist kaum möglich. Man soll deshalb originellere Betrachtungen und Schilderungen dieser Schönheiten nicht erst versuchen, das Wesentliche steht alles schon im Homer oder im Baedeker.

Populär in bürgerlichen Kreisen wurde das Meer durch seine Ablagerungen von Sand, welcher zahlreich ist wie Sand am Meere und von diesem angeschwemmt wird, damit die Badenden etwas Weiches haben, worauf sie sich nach dem Schwimmen ausruhen können. Wenn man sich nackt in diesen Sand legt, bleibt er am Körper kleben. Es ist der sauberste Schmutz, der sich denken lässt, und kleidet gut gewachsene Frauen sehr vorteilhaft.

Zum Unterschied von der Landschaft, welche nachts schläft, ist das Meer ewig wach, und obgleich es unendlich viel Zeit hat, lässt es sich doch keine, sondern arbeitet rastlos wie ein Verfluchter, der die Ewigkeit einholen muss.

Vor den Bergen zeichnet sich das Meer dadurch aus, dass es viel geheimnisvoller ist als jene. Der Gipfel eines Berges ist erreichbar, zumindest, in schwierigeren Fällen, mit den Augen, der Grund des Meeres aber ist, von der kleinen Minderheit der Taucher abgesehen, unerreichbar, auch den Blicken. In jedem Sinn des Wortes also ist das Meer »tief«, das heißt: rätselhaft, nicht zu durchschauen, spottend auch des sinnreichsten Kommentars.

Was es noch besonders vor dem Gebirge voraus hat, ist seine Beweglichkeit. Durch diese seine Beweglichkeit und Wendigkeit bekommt das Meer etwas von einer lebendigen Kreatur, und der Mensch zumal fühlt sich dem Meer, im Hinblick auf dessen Unberechenbarkeit, Tücke und darauf, dass es so vieles in sich birgt, was die Götter gnädig bedecken mit Nacht und Grauen, nah verwandt.

Wolfgang Borchert

Muscheln, Muscheln

Muscheln, Muscheln, blank und bunt,
findet man als Kind.
Muscheln, Muscheln, schlank und rund,
darin rauscht der Wind.

Darin singt das große Meer in
Museen sieht man sie glimmern,
auch in alten Hafenkneipen
und in Kinderzimmern.

Muscheln, Muscheln, rund und schlank,
horch, was singt der Wind:
Muscheln, Muscheln, bunt und blank,
fand man einst als Kind!

Franz Werfel

Kindersonntagsausflug

Vom Quai steigt eine Treppe zu Dampfschiff und
Booten.
Oh Kindersonntagsausflug! Wie abenteuerlich kam
mir das alles vor.
Strahlender Fluss, Frühlingshimmel, Regattakähne,
Eisenbahnbrücke, Gerüste und Piloten!
Blauer Rauch in der Luft. Oh dünnes Gewebe, oh
schwacher Flor!

Ein enges Brett, schaukelnder Boden – ich dachte
an meine Seegeschichten.
Worte wie Backbord, zwei Glas, Wanten, Lee,
Marssegel fielen mir ein.
An einen kleinen Schiffsjungen dachte ich, an
Matrosengesang und Ankerlichten,
An gieblige Hafenhäuser und Schenken, in denen
betrunkene Holländer und Malaien schrein.

Auf schmalem Platz saß ich in meine ganz
exotischen Phantasien eingefangen.
Meine Mutter löste beim Kassier eine Kinderkarte
für mich.
Ich seh noch, wie einige Nickelstücke wieder in ihr
silbernes Täschchen sprangen,

Dann riss ein Mann an der Glocke. Die Maschinen
unter uns stampften und rührten sich.

Was ich alles auf dem rotweißen Dampfer erlebte:
Wasserhosen, Zyklone!
Am Äquator riss uns Champagner, Heimweh und
Stern-Nacht zu lautem Wahnsinn fort.
Am südlichen Wendekreis aber warf man ohne
Gebete und Tränen einen steinbeschwerten
Leichnam über Bord.

Oft sahn wir Land, Vulkane, weiß zugetürmte.
Insulaner schossen um unser Schiff und krächzten
zu uns empor.
Und wenn das Meer glatt war, keine Wolke, kein
Windvogel stürmte,
Warf man Geldstücke in die Tiefe und Kinder
tauchten danach und holten sie hervor.

Und als die Räder langsamer schlugen und wir
zum Landungsplatz glitten,
Da erkannte kaum den einfachen Hügel mein
Blick.
Ich ging ans Ufer mit kleinen, ganz unsicheren
Schritten,
Und hörte wie im Traume vom Restaurations-
garten her die donnernde Militärmusik.

Joachim Ringelnatz

KINDERSAND

Das Schönste für Kinder ist Sand.
Ihn gibt's immer reichlich.
Er rinnt unvergleichlich
Zärtlich durch die Hand.

Weil man seine Nase behält,
Wenn man auf ihn fällt,
Ist er so weich.
Kinderfinger fühlen,
Wenn sie in ihm wühlen,
Nichts und das Himmelreich.

Denn kein Kind lacht
Über gemahlene Macht.

Alfred Kerr

Herbst auf der Insel

I.

Ein letztes Auge schmiss ich vom Fahrzeug zu den Fenstern des zweistöckigen Häuschens empor, hinter denen ich nach den Sternen und Schiffslichtern geäugt hatte. Ein Asylchen in der Höh'. Ein schmunzliges Versteck.

Dann ging es (zum wievielten Mal in diesem Leben?) nach dem Frieseneiland. Und zum wievielten Mal kamen dieselben Vorstellungen? –:

II.

Nirgends fühlt sich der Mensch so wohl wie auf einer schmalen Insel mit Dünenhochtälern und Möwennistungen zwischen zwei Meeren, mit Salzluft und braunviolettem Heidepelz, mit geduckten Friesenhäuschen, von Steinwällen umhegt, mit einem gelben Mond darüber, einem einsamen Leuchtturm und stillen, feinen, nordwestdeutschen Menschen – unbäurischen Bauern. Ich merke das in jeder Jahreszeit wieder.

Nirgends wird einem der Hauch des Alls (darf man dies Gleichnis wagen?) so aufs Butterbrot geschmiert. Fortwährend kommt einem der Gedanke, wenn man in dieser klippigen Riesennatur in die rollenden Wasser starrt: Du, der hier atmet, siehst vor dir den einen Blutstropfen mit den Trillionen Bakterien, zu denen du gehörst und über den hinaus wir nicht sehn können …

Hier schwankt der Blutstropfen bei der Bewegung des großen Tiers, in das du eingeschlossen bist. Der Winter und der Sommer ist sein Herzschlag; und wenn alle vierzig Jahrtausend eine Eiszeit kommt, ist ihm schläfrig zumute geworden – dem unbekannten Tier, in das du eingeschlossen bist gleich der Trichine im Schwein; gleich der Bakterienschar in jedem deiner eignen Blutstropfen.

Nirgends wird einem das, wie gesagt, so aufs Butterbrot geschmiert. Kein Gebirge schafft ein Ewigkeitsgefühl wie diese rollenden Wasser. Und keine Luft eine Seligkeit wie diese Salzluft – denn wenn du dir die Lippen leckst und Scharfes schmeckst, so ist es das Blut deines Tiers, mit dem du lebst und stirbst.

Längst kannst du dann gestorben sein, das Tier lebt weiter, seine Zellen wechseln und erneuern sich – wie deine eignen heut, mit den Lebewesen deines Leibes. Und wahrscheinlich stirbt nun das Tier eines Tages, denn es war selber nur ein Bakterion, ein größeres, in einem größeren Blutstropfen; und Trillionen solcher Großbakterien sitzen wieder in einem größeren Tier – und auch dieses noch größere Tier wiederum – Luft! Luft!!

III.

Gedanken solcher Art; nein: Stimmungen solcher Art blühen im friesischen Eilandsreich, wo die Wasser rollen und bis zur schottischen Küste »nichts« ist als ausgedehnte Substanz mit wechselnden Formen …

In früheren Jahren schlief und aß man wenigstens noch in bewohnteren Siedlungen so einer Insel – allmählich kommt man dazu, auch für Speis und Schlaf einen verlassenen oder noch kaum bewohnten Punkt zu wählen, nördlicher, wo man die zwei Meere dichter beisammen und keinen Menschen hat und sich allein mit dem »Tier« beschäftigt. Der Blutstropfen, dessen Bewegung man hier am besten sieht, wird noch lange, lang in Bewegung bleiben – und wo bist du dann, Bazillerich, elender, der du den Schriftsteller spieltest?

IV.

Solche Stimmungen schafft das herbstliche Weilen auf der Frieseninsel, in ihrem verlassenen Norden, wo, leidlich fern von Menschensitzen, ein einsames Haus an der brüllenden Brandung steht.

Wolfgang Borchert

Prolog zu einem Sturm

Das Meer grinst grün und glasiggrau,
die Fische fliehn in tieferes Geflute.
Sogar dem alten Kabeljau
ist recht gemischt zumute.

Verängstigt strebt ein Seepferdchen zum Stalle.
Der Tintenfisch legt voller Kunst
um den Palast aus alabasterner Koralle
zur Tarnung einen tintenblauen Dunst.

Die Fischer ziehn die Netze ein
mit düsterem Geraune –
und einer brummt dazwischen rein:
Klabautermann hat schlechte Laune.

Ernst Penzoldt

Sturm

Die Nacht war sternenklar und windstill. Aber gegen Morgen erhob sich der Sturm. »Er erhebt sich«, sagt man, also wie ein Mensch oder ein Tier von seinem Lager sich erhebt. »Man weiß nicht, von wannen er kommt und braust.« Wo ist der Ort seiner Geburt, wo verlebt der Sturm seine Kindheit, wann und wo wird er sich legen und einschlafen? Wächst der sanfte Windhauch, der kaum unser Haar bewegt, zum Sturm heran, der heute mit Windstärke neun über die Insel rast? Man spürt und hört ihn, aber ihn persönlich sieht man nicht. Wohl bildet er sich ab etwa in dem blondgrünen Gras, das nachgibt, aber, wäre der Sturm auch noch so stark, sich ständig bewegt. Es schmiegt sich seinem Rhythmus an. Er atmet, er zittert am ganzen Leib, vor Zorn oder aus Furcht oder Anstrengung. Es ist, als befände er sich auf der Flucht vor etwas. Das Warnsignal, die rote, zerfetzte Fahne neben der grünen Treppe am Kliff, flattert. Sie müsste, wäre der Wind stetig, doch eigentlich still stehen wie aus Blech geschnitten.

Heute zum Strand zu gehen, ist sehr beschwerlich. Schräg, die Schulter vorne, mit vorgelegtem Körper, hin- und hergerissen, im Gang eines Betrunkenen, stemmt man sich vorwärts. Man legt sich in den Wind. Man schlottert und der Regenmantel knallt einem um die Beine. Es verschlägt einem den Atem. Es ist ratsam, nicht zu sprechen.

Der Sturm ist unberechenbar. Eben muss man alle Kraft aufbieten, einen Fuß vor den andern zu setzen, da fällt man fast vornüber in eine Luftlücke, die keinen Widerstand bietet. Was da im Sturm mit einem geschieht, gleicht »stürmischen« Umarmungen unsichtbarer Liebender. Das Loslassen, Zupfen und Zerren, es ähnelt stark der Leidenschaft, den Vertraulichkeiten, den Launen und der Heimtücke des Meeres wie es der Badende erlebt. Vielleicht, wenn der Wind gefärbt wäre, würde man Wogen und Wirbel sehen wie im Meer. Am heftigsten, unwiderstehlichsten fegt er über die Kante des Steilufers, das ihn aufhält in seinem Rennen. Nur ein kurzes Stück Wegs hat er die gesammelte Kraft. Man muss die Hand vors Gesicht halten. Wie mit Nadeln, schmerzhaft stechen die Sandkörner, die der Wind mit sich führt.

Das Meer ist völlig außer Rand und Band. Es ist zum Fürchten schön. Wer es so zum ersten Male sieht, den überkommt, wenn er natürlich antwortet, mit Recht die Angst. Es hat etwas Verzweifeltes, Gepeinigtes, bäumt sich auf wie vor Schmerz, wie ein gepeitschter Mensch. Es ist zutiefst aufgewühlt. Es leidet.

Die See brandet bis an die Dünen. Wie der Wind scheint sie auf der Flucht vor etwas Entsetzlichem zu sein, so wie sich die Sprotten vor den Makrelenschwärmen ins Seichte flüchten und lieber am Strand verenden als gefressen zu werden. Die Brandung ebnet mühelos die Sandburgen der Badegäste ein, und die durch die Sirene alarmierte Ortsfeuerwehr muss die gefährdeten Strandkörbe in Sicherheit bringen. Schon drei hat das Wasser mitgenommen, viele unterspült und mit Sand verschüttet. Sie müssen ausgegraben werden.

An den freien Stellen des Strandes jagt dicht am Boden der feine Flugsand hin. Große irisierende Schaumknäuel treiben, sich überkugelnd und zitternd, im Wind.

Nicht in regelmäßigen Reihen wie an andern Tagen rollen die Wellen heran. Sie sind in Unordnung geraten, sie genieren einander, sind sich ständig im Wege, wissen nicht mehr, wo ein und aus. Ihr Benehmen erinnert ein wenig an den Sturm des Publikums an einer Theatergarderobe. Es herrscht rücksichtslose Panik im Meer. Die eisernen Buhnen, durch menschliche Vorsicht, den Sand zu befestigen, alle paar hundert Meter errichtet, schlitzen die Wogenleiber auf. Hoch spritzt der weiße Gischt und geifert die Buhnen entlang.

Die sonnengebräunten Gesichter der Neugierigen werden weiß vom Salz. Man schmeckt es, wenn man mit der Zunge über die Lippen fährt.

Unaufhörlich rauscht das Meer. Man hört die einzelnen Instrumente nicht heraus, hört nicht den Sturz einzelner Wellen. Unisono wie ein Wasserfall braust es. Es ist nicht dunkel, nicht blau, wie sonst zuweilen: es ist blond und weiß, weit hinaus.

Unbeirrt schweben im Gleitflug, vom Aufwind getragen, die Silbermöwen den Grat der Dünen entlang. Ihre Flügel zittern wie die Tragflächen der Flugzeuge. In unheimlicher Geschwindigkeit ziehen, quer zum Sturm, Schwärme von Strandläufern ein paar Meter nur über das entfesselte Wasser dahin, diese kleinen, zerbrechlich wirkenden Vögel. Im Hui sind sie vorüber.

Wenn man dann ordentlich durchgeblasen, nun den Wind im Rücken und sich an ihn lehnend, den Mund und die Ohren voll

Sand, mit brennendem Gesicht sich nach Hause wehen lässt, ist einem nach einem steifen Grog zumute.

Nach zwei Tagen liegt die Nordsee ruhig wie ein nasser Lappen, als wenn nichts gewesen wäre.

Erich Fried

Meer

Wenn man ans Meer kommt
soll man zu schweigen beginnen
bei den letzten Grashalmen
soll man den Faden verlieren

und den Salzschaum
und das scharfe Zischen des Windes
einatmen
und ausatmen
und wieder einatmen

Wenn man den Sand sägen hört
und das Schlurfen der kleinen Steine
in langen Wellen
soll man aufhören zu sollen
und nichts mehr wollen wollen
nur Meer

Nur Meer

Heinrich Heine

Das Meer erstrahlt im Sonnenschein

Das Meer erstrahlt im Sonnenschein,
Als ob es golden wär.
Ihr Brüder, wenn ich sterbe,
Versenkt mich in das Meer.

Hab' immer das Meer so liebgehabt,
Es hat mit sanfter Flut
So oft mein Herz gekühlet;
Wir waren einander gut.

Die Autorinnen und Autoren

Friedrich Adler (1857–1938): Auf Rügen. Aus: Gedichte, 1893. S. 174.

Hans Christian Andersen (1805–1875): Die große Seeschlange, 1871. S. 82.

Lou Andreas-Salomé (1861–1937): Das Wunderwerk der Quallen. Aus: Das Haus. Eine Familiengeschichte vom Ende des vorigen Jahrhunderts, 1921. S. 78.

Victor Auburtin (1870–1928): Ionisches Meer. Aus: Sündenfälle. Feuilletons. S. 165.

Ferdinand Avenarius (1856–1923): Nordlicht. Aus: Wandern und Werden. Gedichte, 1881. S. 131.

Ludwig Bechstein (1801–1860): Die Rungholter auf Nordstrand. Aus: Deutsches Sagenbuch, 1853. S. 34.

Ernst Blass (1890–1939): Strand. Aus: Die Straße komme ich entlang geweht, 1912. S. 121.

Emanuel von Bodman (1874–1946): Am Strande. Aus: Der Wandrer und der Weg, 1923. S. 120.

Wolfgang Borchert (1921–1947): Muscheln, Muscheln. S. 197; Prolog zu einem Sturm. S. 204. Aus: Laterne, Nacht und Sterne. Gedichte um Hamburg, 1946.

Hermann Broch (1886–1951): Wer aber Liebe sucht, sucht das Meer. Aus: Esch oder die Anarchie. Teil 2 von Die Schlafwandler. Eine Romantrilogie, 1931/32. S. 185.

Barthold Heinrich Brockes (1680–1747): Das Wasser. Aus: Irdisches Vergnügen in Gott, 1721–1748, Strophen 10, 11 und 14 von 78 Wasser-Strophen insgesamt. S. 8.

Wilhelm Busch (1832–1908): Dorenkat, 1879. S. 128.

Joseph Conrad (1857–1924): Das Wesen des Gegners, Abschnitt XXII. Aus: Der Spiegel der See. Erinnerungen, 1906. S. 67.

Theodor Däubler (1876–1934): Die Seligkeit des Seedaseins. Aus: Die Göttin mit der Fackel. Roman einer kleinen Reise, 1931. S. 159.

Alphonse Daudet (1840–1897): Der Leuchtturm von Sanguinaires. Aus: Briefe aus meiner Mühle, 1866. S. 113.

Max Dauthendey (1867–1918): Diese Meerestiefe unter dem Boot. Aus: Gedankengut aus meinen Wanderjahren, 1913. S. 143.

Richard Dehmel (1863–1920): Lied beim Segeln. Aus: Schöne wilde Welt, 1913. S. 148.

Charles Dickens (1812–1870): Etwas hohe See und ein bisschen widriger Wind. Aus: Aufzeichnungen aus Amerika, 1842. S. 48.

Annette von Droste-Hülshoff (1797–1848): Fragment, 1841/42. S. 44.

Joseph von Eichendorff (1788–1857): Ein nie gefühlter Schauer. Aus den Tagebüchern, September 1805. S. 21; Meeresstille, 1837. S. 30.

Elisabeth (›Sisi‹) von Österreich (1837–1898): Die See. Aus den »Schwimmliedern«. S. 46.

Gustav Falke (1853–1916): Ebbe. Aus: Mit dem Leben, 1899. S. 130.

Theodor Fontane (1819–1898): Die ewige Schönheit des Ozeans. Oban, Schottland. Aus: Jenseit des Tweed. Bilder und Briefe aus Schottland, 1860. S. 116.

Ferdinand Freiligrath (1810–1876): Sandlieder. Gedichte I und VI, 1835. S. 118; 119.

Erich Fried (1921–1988): Meer. Aus: Warngedichte, 1964. S. 209.

Reinhold Fuchs (1858–1938): Insel-Idyll; Auf der Hallig. Aus dem Zyklus »Nordsee-Sonette«, Strandgut. Neue Gedichte, 1890. S. 95; 96.

Ludwig Ganghofer (1855–1920): Weit überm spiegelglatten Hafen. Aus: Heimkehr. Neue Gedichte, 1883. S. 45.

Stefan George (1868–1933): Der herr der insel. Aus: Das Buch der Hirten- und Preisgedichte, 1916. S. 80.

Wilhelm Gerhard (1780–1858): Matrose, 1826. S. 72.

Friedrich Gerstäcker (1816–1872): Hier liegen wir in Totenstille. Australien 1851. Aus: Reisen. Vierter Band: Australien, 1853. Kapitel 11: Fahrt durch die Torres-Strait. S. 57.

Johann Wolfgang von Goethe (1749–1832): Das Meer ist doch ein großer Anblick! Aus: Italienische Reise, 8. Oktober 1786. S. 38.

Ferdinand Gregorovius (1821–1891): Das Kap der Circe. Aus: Wanderjahre in Italien, 1870. S. 14.
Anastasius Grün (1806–1876): Meerfahrt, 1829. S. 36.

Gerhart Hauptmann (1862–1946): Auf dem rastlosen Ozeandurchpflüger. Aus: Atlantis. Roman, 1912. S. 156.
Friedrich Hebbel (1813–1863): Der junge Schiffer, 1836. S. 12.
Johann Peter Hebel (1760–1826): Fliegende Fische. Aus dem Schatzkästlein des rheinischen Hausfreundes, 1811. S. 81.
Heinrich Heine (1797–1856): Ich liebe das Meer wie meine Seele. Auf Norderney. Aus: Die Nordsee. Reisebilder. Zweiter Teil, 1827. S. 25; Das Meer erstrahlt im Sonnenschein. Aus: Neue Gedichte, 1844. S. 210.
Georg Heym (1887–1912): Die Seefahrer, 1912. S. 70.
Hermann Hölty (1828–1897): Am Strande. Aus: Bilder und Balladen. S. 122.
Victor Hugo (1802–1885): Die unsichtbaren Raubvögel der Unendlichkeit. Aus: Die Arbeiter des Meeres. Roman, 1866. Drittes Buch: Der Kampf. S. 62.

James Joyce (1882–1941): Unsere mächtige Mutter. Aus: Ulysses, 1922. S. 117.

Alfred Kerr (1867–1948): Herbst auf der Insel. Aus: Die Frieseninsel. Die Welt im Licht. Bd. 1, 1920. S. 201.
Eduard von Keyserling (1855–1918): Ich habe mir das Meer größer gedacht. Aus: Wellen. Roman, 1911. S. 152.

Gertrud Kolmar (1894–1943): Travemünde, 1933/34. S. 172.

Hedwig Lachmann (1865–1918): Am Strand, 1919. S. 7.
Selma Lagerlöf (1858–1940): Wenn Meer und Land sich begegnen. Aus: Die wunderbare Reise des kleinen Nils Holgersson mit den Wildgänsen, 1906. Aus Kapitel 8: Am Rönneberger Bach. S. 140.
Else Lasker-Schüler (1869–1945): Am Meer. Aus: Konzert, 1932. S. 175.
Nikolaus Lenau (1802–1850): Meeresstille, 1832. S. 11.
Fanny Lewald (1811–1889): Das schöne Leuchten des Mittelmeeres. Aus: Italienisches Bilderbuch, 1847. S. 42.
Georg Christoph Lichtenberg (1742–1799): Fahrt nach Helgoland. Ein Brief an Johann Andreas Schernhagen, Stade, 19. Juli 1773. S. 16.
Oskar Loerke (1884–1941): Vor Kap Finisterre, Galicien. Aus: Reise nach Nordafrika und Italien 1914. Donnerstag, den 23. April. S. 162.

Arnold Masarey (1883–1951): Urblau. Aus: Meerfahrt, 1926. S. 177.
Karl Mayer (1786–1870): Erinnerung an die Ostsee, 1854. S. 168.
Herman Melville (1819–1891): Eine große träge weiße Masse. Aus: Moby Dick, 1851. 28. Kapitel. S. 47; 53.
Felix Mendelssohn Bartholdy (1809–1847): Die blaue Grotte kennt nicht jeder. Aus den Reisebriefen. Neapel, 28. Mai 1831. S. 39.

Conrad Ferdinand Meyer (1825–1898): Zwei Segel. S. 29; Der Gesang des Meeres. S. 37. Beide aus: Gedichte, 1882.

Alfred Mombert (1872–1942): Ich lag auf dem Meer. Aus: Die Schöpfung, 1897. S. 167.

Lucy Maud Montgomery (1874–1942): Aus: Anne auf Green Gables, 1908. S. 81.

Christian Morgenstern (1871–1914): Vormittag am Strand. S. 123; Segelfahrt. S. 151. Beide aus der Sammlung: Ein Sommer, 1900.

Clara Müller-Jahnke (1860–1905): Meerfahrt. Aus: Sturmlieder vom Meer, 1901. S. 13.

Friedrich Nietzsche (1844–1900): Am Meere. Aus: Die fröhliche Wissenschaft, 1882. S. 14.

Ernst Penzoldt (1892–1955): Sturm, 1951. S. 205.

Alfred Polgar (1873–1955): Das Meer, 1934. S. 194.

Rainer Maria Rilke (1875–1926): Die Insel. Nordsee. Aus: Neue Gedichte, 1907. S. 169.

Joachim Ringelnatz (1883–1934): Kindersand. Aus: Kinder-Verwirr-Buch, 1931. S. 200; Segelschiffe. Aus: Gedichte dreier Jahre, 1932. S. 150.

Julius Rodenberg (1831–1914): Stillleben auf Sylt, 1861. S. 124.

Joseph Roth (1894–1939): Die Sehnsucht der Korallen. Aus: Der Leviathan, 1938. S. 73.

George Sand (1804–1876): Ein Winter auf Mallorca, 1842. S. 107.

Johanna Schopenhauer (1766–1838): Die See raart. Aus: Jugendleben und Wanderbilder. Aus dem Nachlass, 1839. S. 15.

Friedrich Spielhagen (1829–1911): Ein Fensterplatz auf Ischia. Aus: Aus meinem Skizzenbuche, 1874. S. 103.

Franziska Stoecklin (1894–1931): Die singende Muschel. Aus: Die singende Muschel. Gedichte, 1925. S. 79.

Theodor Storm (1817–1888): Meeresstrand, 1856. S. 10; Die Möwe und mein Herz, 1885. S. 35.

August Strindberg (1849–1912): Das Meer durch den Seekieker. Aus: Am Meer. Roman, 1890. S. 132.

Mark Twain (1835–1910): Ein Tag auf dem Tropenmeer. Von Ceylon nach Mauritius. Aus: Reise um die Welt, 1897. S. 60.

Unbekannt: Des Meermanns Frau in Kindsnöten; Die Überfahrt der Zwerge nach Amrum. Zwei Sagen aus Schleswig-Holstein. S. 31; 32.

Jules Verne (1828–1905): Zwanzigtausend Meilen unterm Meer, 1869/70. S. 47.

Franz Werfel (1890–1945): Kindersonntagsausflug. Aus: Der Weltfreund. Gedichte, 1911. S. 198.

Ernst Willkomm (1810–1886): Eine Sturmnacht auf Hallig Hooge. Aus: Vorgesichte. Kapitel 8: Nicol Mannis in der Sturmnacht. S. 97.

Thomas Wolfe (1900–1938): Ein Besuch aus einer neuen Welt. Aus: Von Zeit und Strom, 1935. S. 180.

Stefan Zweig (1881–1942): Am vielleicht schönsten Strand der Welt. Rio de Janeiro. Aus: Brasilien. Ein Land der Zukunft, 1941. S. 189.

Copyright